A LONG TIME,
A LONG WAY TO GO

指名され続ける美容師になる方法

横手康浩

女性モード社

目次

はじめに

美容師は、撮影や出張美容などサロン外での活動を除けば、お客さまにサロンへ来ていただいて、はじめて仕事が成り立つ職業です。あなたが長い時間をかけて努力を重ね、身につけてきた技術やデザイン、接客といったサロンワークのノウハウは、お客さまの存在なしには表現することができません。そのため、多くのサロンと美容師が、集客に力を入れています。

紹介。

ウェブサイト。

動画。

ＳＮＳ。

——さまざまな方法で、サロンとあなたの存在をアピールしているはずです。これは、お客さまの来店動機となる、サロンまたはあなたに最初の興味・関心を持っていただくためのアクションです。

しかし、美容師は、集客だけが仕事ではありません。あるいは、集客を成功させることが最終目的でもありません。持てる力のすべてを発揮して集客できたとしても、一度きりの来店で終わってしまっては、意味がないのです。なぜなら、失客が多い場合、また一から集客をやり直さなければならないからです。

美容師本来の仕事とはかけ離れた集客業務に、莫大《ばくだい》な時間と労力を注ぎ込まなければいけない状況が、延々と続くことになります。

そろそろ、お客さまのリピート率を高めて、失客を減らし、集客と失客を繰り返すネガティブなスパイラル、負《ふ》のループを脱却しましょう。

そのためには、あなた自身が、できるだけ多くのお客さまからコンスタントに指名され続ける美容師になる必要があります。

本書が、その第一歩になれば幸いです。

横手康浩

写真　高橋成自（女性モード社）
装幀　トランスモグラフ

指名され続ける
美容師になる方法

Still Joy After All These Years.

第一章

お客さまとのコミュニケーションについて

つながり、会話、サロンワーク

指名され続けるには、美容師として錆《さ》びつかないことです。

集客と失客

「洗練されたデザインのヘアスタイルを載せても、ダメなんですよ」

以前、後輩のスタイリストが話していました。自分がつくったヘアスタイルの写真を、SNSにアップする際の注意点です。

「デザインし過ぎず、写真の雰囲気で見せるほうが、反応いいんです」


時代とともに、美容業界においても、さまざまな価値観が変わってきました。

集客は、その最たるものの一つかもしれません。

高いお金を払って、集客サイトを活用する。

SNSを使って、ヘアスタイルの写真や情報を発信する。

どれが正しく、何が間違っているという話ではないと思います。

どんな形であれ、仮に集客ができたとします。

次の課題は、何でしょうか。

来月の集客を考えることでしょうか。

僕だったら、そのお客さまをリピートさせること、紹介で新規のお客さまを増やすことを考えます。

リピートと、紹介を増やすサロンワークを、目の前のお客さまに実践します。

せっかく来ていただいたお客さまと、一日限りの出会いになってしまうのか。

またお会いできるのか。

美容師であれば、後者がいいに決まっているはずです。

失客を繰り返し、何度も何度もお金と手間をかけて集客する。

そういう時代なのだ、といってしまえばそれまでなのかもしれませんが、そういう時代、の一言ですべてを片づけてしまうのは、あまりにももったいないと感じます。お金も、時間も。

リピートしていただくためには、何が必要なのか。

目の前にいるお客さまから紹介のお客さまを増やしていくには、どうすればいいのか。

最初に、僕のサロンワークからお話しさせていただきます。

はじめてのお客さま

まずは、新規のお客さまについてです。

初対面のお客さまには、お会いした瞬間に、その人の雰囲気を感じとることに意識を集中します。

顔、メイク、全体から受ける第一印象。

ファッションの傾向、アクセサリー。

靴。

持ち物。

これらをふまえて、「こういうヘアスタイルが似合うんじゃないかな」というイメージを思い浮かべながら、あいさつします。

このときは、僕が思い描いたヘアスタイルを押しつけるような、一方的な提案はしません。

あいさつを終えたら、お客さまの要望と、どのくらいの長さまで切っていいかを確認します。

お客さま自身に明確な要望がなかったり、迷っているような場合は、デザインや長さを極端に変えない範囲で提案をして、同意を得た上で、「あとは僕にお任せいただいてよろしいですか？」と聞きます。

前髪は下ろすほうがよいか、上げるほうがよいかなど、髪の長さ以外のお客さまの要望や、髪質、毛量、生えグセなどを確かめてから、シャンプーに入っていただきます。

お客さまとはじめて顔を合わせる場面では、お客さまも美容師を観察しています。それも、一瞬で「この美容師に任せて大丈夫かどうか」を判断しています。

お客さまは、美容師のことを決してジロジロ見るわけではありません。それでも、観察しています。美容師がはじめてのお客さまと接する際、お客さまのどういうところを見るか、美容師一人ひとりで異なると思います。これと同じように、お客さまも一人ひとり異なる価値観で、美容師をチェックしているのです。

初対面で「お任せしても大丈夫かも」とお客さまに思っていただけるような空気感を発している美容師であるほうが、リピートしていただける確率は上がります。

「この美容師なら、任せてみよう」と思わせる空気感は、どのようにすれば身につけることができるのでしょうか。それは、のちほどお伝えします。

お客さまに何を聞くか

僕がお客さまに必ず聞くのは、希望するヘアスタイルと同時に、お客さまが感じている髪の悩み、不安、不満、問題点などです。髪と、その周辺（頭の骨格など）に関するネガティブな思いを、できるだけ多く教えていただきます。

もちろん、僕の力で骨格そのものを変えることはできません。けれども、ヘアスタイルによって、気になる箇所が目立たなくなり、なおかつおしゃれ感が出るように、カバーすることはできます。

技術とデザインを通じて、こうした不安・不満要素を取り除くことも、リピートされる美容師への第一歩であると、僕は思っています。

流行のヘアスタイル、最先端のヘアデザインをどれだけ提供できたとしても、お客さまの髪の悩みや不満が解消されていなければ、リピート率は下がってしまう――このことをまだ知らない美容師は、意外と多いのかもしれません。

また、髪の不安解消ができても、ヘアスタイルが似合っていない、バランスが悪い、再現性が低い、イマイチだなとお客さまに思われたら、ほぼリピートしません。

つまり、髪の悩み・不満が解消されて、なおかつ似合っている、おしゃれ感があるといったポジティブな要素が多いヘアスタイルを提供できれば、リピート率は上がるのです。

似合わせと、再現性。髪の悩みを解決する。

これらを常に成立させることが、失客を減らし、リピート率を上げる第一歩になります。

「お客さまに何を聞くか」という質問力と、要望に応えて髪の不安・不満を解消しながら、似合っていて再現性の高いヘアスタイルをつくり上げる技術力を高めて、研ぎ澄ませていくことは、指名の多い美容師を目指す上で欠かすことのできない要素なのです。

お客さまの髪の悩みは、一回の来店だけでは伝わりきれていない可能性もあります。二回目、三回目、四回目……と、来店回数が増えてきたあとに、思い出したように「こういう悩みもある」と打ち明けられるケースもあります。来店のたびに美容師側が気にかけて、聞いてみてもよいと思います。

落とし穴

はじめての来店から二回目くらいまでは、接客する側の美容師にも内心、緊張感があり、失敗や粗相《そそう》がないように、慎重な仕事を行なう傾向があるかもしれません。

お客さまが、あなたのことを気に入ってくれて、来店回数が増えてきたときに「このお客さまは、もう失客しないだろう」というような安心感を美容師が一方的に持ってしまうことは、危険です。

接客や技術をいつも通りにやっているつもりでも、少しだけ雑になった印象を与えてしまったり、ほんの一瞬、配慮に欠けた対応をしてしまう……。

このわずかなスキを見逃さず、もう二度と来店しなくなるお客さまは、決して少なくありません。

これは、長年サロンワークをしている美容師であれば、肌感覚として理解できるのではないかと思います。

「私のヘアスタイルを担当する気持ちが、感じられない」
「自分の意見ばかり強く主張する美容師だ」
「真摯《しんし》な気持ちが伝わってこない」
「ほかのお客のことばかり気にして、気持ちがあちこちに飛んでいる」

こうした心情を抱かせないよう、美容師は気持ちの面で、フレッシュさと、常に一定以上の緊張感を保った接客・技術を意識することが欠かせません。お客さまの来店回数がどれだけ増えたとしても、変えてはいけないスタンスです。

美容師自身の表情や態度は、できるだけリラックス。

心の中では、フレッシュな気持ちと、ほどよい緊張感を維持し続ける。

これは、お客さまに末長くリピートしていただく上で、とても大切なのです。

サロンワーク時の服装

仕事時に着る洋服は、清潔感のあるものを意識して選んでいます。

具体的には、シンプルな長袖シャツが多いように思います。

無地のシャツは、たとえば施術中にヘアカラー剤が付着してしまう可能性もあります。

それでも、着続けています。エプロンのようなものは、使いません。

汚したくない洋服を、あえて着てみる。

これも、ある種の緊張感につながっているかもしれません。

Tシャツや、ポロシャツ。

ショートパンツやハーフパンツ。

ロゴやプリント柄の入った洋服。

ニット帽やベースボールキャップ。

すべて、着用してみたいのですが、僕に似合わないのです。僕は、自分に合うおしゃれの範囲が狭いんです。

ただ、お客さまに対して、最低限のリスペクトを表すアイテムの一つが服装であると、僕は考えています。

そういう意味で清潔感と、お客さまに失礼のない洋服を選んでいるつもりです。

自分に合う服を着て仕事する。

すべては、自分自身をどう見せるかという自己演出です。「これを着なくてはいけない」という決まりや、正解はないのです。

靴は、革靴かスニーカーを履くことが多いです。どんなボトムスにも合わせやすく、履いていて疲れにくいものを選んで購入しています。

お客さまへの言葉づかい

僕は若いころも、三十代・四十代のときも、そして今も、お客さまに「タメ口」を使ったことがありません。

お客さまの年齢や性別に関係なく、敬語を使います。

会話の中での相づちや、返事は「はい」。

共感を示すときは「そうですよね」。

何かをお聞きするときは「〜ですか？」。

「タメ口」を使わないことは、僕が守り続けている小さなルールです。

ただ、美容師は全員がお客さまに敬語を使うべきだ、「タメ口」なんてあり得ない、などとは思っていません。

ていねいな言葉づかいや敬語に堅苦しさ、息苦しさを感じるお客さまもいるかもしれません。

肩ひじを張らず、もっとフレンドリーな、親しみやすいコミュニケーションを心がけている美容師も大勢いると思います。

プロの自覚を持ち、お客さまに失礼のない範囲であれば、接客は美容師の個性を積極的に出して、そのスタイリストならではの方法を編み出していくのが一番いい気がします。親しみやすさ、誠実さ、真面目さ、面白さなど、明確な特徴が一つあるといいかもしれません。「いつも上手にやってくれる美容師」とお客さまに思っていただければ、接客時の言葉づかいは、さほど気にされない印象もありますが……。

僕が敬語を使うのは、肩ひじを張っているわけではなく、あくまでも個人的な感覚です。僕の中では、敬語のほうが、しっくり来ます。

お客さまと何を話しているか

お客さまに対して、いわゆる世間話や雑談は、ごく普通に話します。

お客さまに聞かれれば、僕のプライベートな話もします。

しかし、僕が自分からお客さまへ、プライベートの話を切り出すことはめったにありません。

決して、自分のプライベートを謎のベールに包んで、ミステリアスな美容師像を演じようとしているわけではありません。

美容師は私生活を明かす必要がない、と思っているわけでもありません。

髪と関係のない話をしている時間が少ない。


その一言に尽きます。

一人のお客さまとマンツーマンで接する時間は、限られています。

お客さまの髪の悩み・不安の解消と、マンネリではない新鮮なヘアスタイルを両立させることに、最大限の時間を使いたいのです。

会話は大切なコミュニケーションの一つで、お客さまの趣味などのバックグラウンドや、普段のライフスタイルを知ることができれば、提案できるヘアデザインの幅が広がる可能性は大きいです。

また、お客さまの家族や友人をはじめ、紹介につながるかもしれない人間関係を知ることもできる、貴重な時間であることは間違いありません。

ただ、お客さまに何度も繰り返してサロンへ来ていただくためには、「会話が楽しかった」だけでは、来店動機として、物足りないのです。

繰り返しますが、お客さまの髪の悩み・不安解消と、おしゃれ感、似合わせ、再現性を両立させたヘアスタイルをつくることに、できるだけ多くの時間を費やす――そのために、髪と関係のない会話が少ないのです。

お客さまの向こう側

お客さまの髪の悩み・不安を解消し、なおかつおしゃれ感、似合わせ、再現性のあるヘアスタイルをつくることは、とても大切です。

そして、もう一つ。

これらと同じくらいに大事なのは、目の前にいるお客さまの〝向こう側〟を意識してカットすることなんです。

〝向こう側〟とは、お客さまの周囲にいる人たちです。

「きれい」
「素敵」
「おしゃれ」
「似合う」
「かわいい」

「若くなった」

「今までで一番いい」

――お客さまが、周囲にいる人たちから、ほめられるヘアスタイルであるかどうか。

これもまた、リピートしていただけるかどうかの重要なポイントです。

美容師は、つい目の前にいるお客さまに神経を集中しがちです。集中することはマストですが、同時に頭の片隅で、お客さまの〝向こう側〟を意識しましょう。お客さまの周囲の人たちが、そのヘアスタイルを見たら、ほめずにいられないようにデザインするのです。

お客さまは、髪の悩みが解消され、おしゃれ感と再現性があり、周囲からの評判がいいと、

「私が通っている美容室に間違いはなさそう」

「あの美容師にやってもらえば大丈夫」

というような感覚になります。

また、こうしたポジティブな評判は、かなり長い間、お客さまの記憶に残ります。

仮によその美容室へ行ったとしても、「やっぱり横手にやってもらったときのほうが、評判がよかった」と、記憶をたどって再び来てくださるようになるのです。

お客さまの年齢層

美容師は一般的に、スタイリストの実年齢プラスマイナス十歳前後のお客さまが多くつきやすい、といわれます。三十五歳のスタイリストであれば、二十五歳から四十五歳前後のお客さまが最も多くなる、という意味です。

僕がスタイリストになったころも、同じでした。十代から三十代前半のお客さまばかりでした。その後、年齢とキャリアを積み重ねてきた中でも、ずっとリピートしてくださるお客さまに恵まれました。

現在も僕の年齢プラスマイナス五歳前後のお客さまは多いのですが、幸いなことに十代から七十代まで、幅広い世代のお客さまが大勢いらっしゃっています。

元々いらしてくださっていたお客さまのお子さん・お孫さんや、そこから派生《はせい》してご紹介いただいた友人・知人の方たちです。さらに、そこから紹介された誰々さん……と、お客さまの年齢層が幅広く、どの年代の方もいらしてくださるのは、美容師として、とてもありがたいことです。

これも、お客さまの〝向こう側〟を意識しながらサロンワークをしてきた、結果の一つなのかもしれません。

「お客さまと共に年齢を重ねていく」「お客さまの一生に寄り添う」

――こうした目標を立てている美容師は少なくないと思います。

僕自身、若いころから、「このお客さまのヘアスタイルは一生、僕が担当する」という強い気持ちを持って、サロンワークを続けてきました。

その目標の中に、「お客さまの〝向こう側〟を意識しながら」というフレーズを入れてみると、既存のお客さまとの長いお付き合いと平行して、さまざまな年代の新規のお客さまが加わる可能性が高まります。お客さまの〝向こう側〟を意識することは、あなた自身の年齢と比例して上がる一方になりがちな、顧客の年齢層が広がるきっかけにもなります。

あなたより何十歳も年下のお客さまが来られても、髪の悩みを解決でき、なおかつおしゃれなヘアスタイルで喜んでいただけるよう、常にヘアトレンドのアンテナを張りめぐらせておきましょう。

お客さまは、あなたを宣伝してくれる貴重な存在

お客さまは、あなたの作品を頭にのせて街を歩く、広告塔のような存在でもあります。

これは、一般的な広告と違って、全くお金がかかりません。

むしろ料金をお支払いいただいた上に、宣伝までしてくださっている、大変ありがたい存在がお客さまである、ということになります。


職場、学校。

パート、アルバイト先。

趣味のサークル、遊び友達。

ママ友、地域の集まり。

家族、恋人。

たいていのお客さまは、普段の生活の中で、何らかの組織・集団・グループに属しています。

年齢や性別を問わず、です。

中には、完全に孤独という人もいるかもしれません。けれども全体から見れば、誰とも接しないライフスタイルを貫いている人は、とてもレアなはずです。

お客さま一人ひとりが、美容師の知らないところで、誰かに会っている。

毎日必ず誰かに、ヘアスタイルを見られている。

そう考えると、美容師として、わくわくする感覚が湧き上がってきます。

繰り返しますが、お客さまはヘアスタイルを通して、あなたの宣伝をしてくれているのです。

その効果をより高めるためにも、お客さまが周囲から「素敵ね」「どこで切ったの？」と、ほめられるようなスタイルをつくり続けましょう。

それも、一度や二度ではダメです。毎回、ほめられるヘアスタイルづくりを継続すること。これは、美容師側が相当な覚悟を決めないと、なかなか続きません。一時的な覚悟ではなく、長く続ける覚悟を決めて、とにもかくにも継続するのです。

提案について

お客さまの中には、美容師からの提案を待っている人がいます。

一方、美容師の提案には興味がなく、ご自身の要望を叶えてくれればそれでいい、と考えている人も大勢います。

また、提案してほしいときもあるけれど、自分の希望通りにやってほしいときもある、というようなお客さまも多いです。

このように、美容師からの提案に関する反応は、人それぞれです。

お客さまが、提案を喜んで受け入れてくれるタイプなのか。

提案などは不要で、要望通りにやってほしいと思うタイプなのか。

今日は提案を待っているのか、そうではないのか。

こうした見極めは、サロンワークにおいて、とても大切です。

提案を待っているお客さまに何も提案しないと、頼りない美容師だと思われて、もっと頼りがいのある美容師はいないかしら……と、他のサロンへ行ってしまうかもしれません。

提案を望まないお客さまにおすすめすると、逆効果になって、失客の一因になってしまうかもしれません。

提案した場合と、お客さまの要望通りに対応する場合、どちらにもいえるのは、特にヘアスタイルに関して、絶対に失敗してはいけないことです。

理由は、簡単です。

美容師が提案してきて、その通りに頼んだら、いいヘアスタイルじゃなかった。

おすすめされたヘアスタイルなのに、手入れが簡単ではなかった。

要望したのと違う印象のヘアスタイルになり、納得がいかない。

――すべて、リピートにつながりにくい要因になってしまいます。技術力を高めて、お客さまが求める〝結果〟を確実に出せる美容師でありたいものです。

続・提案について

お客さまと長いお付き合いを望むのであれば、新規来店から二〜三回目の来店までは、お客さまが特に望んでもいないパーマ、ヘアカラー、別料金が発生するトリートメントなどの提案、ホームケアのための店販のおすすめなどは、お客さまとよくコミュニケーションをとってからすすめるようにしましょう。

なぜなら、その時点では、信頼関係ができあがっているか分からないからです。

また、パーマやヘアカラーによるスタイル、あるいは上質なトリートメントやホームケアに興味があったとしても、「料金が高くなるのでは？」という不安を与えてしまいます。

「この先ずっと、高い料金をとられ続けるのかな……」

お客さまは、自身に必要なものであれば、高い料金でも応じてくださる傾向があります。ただ、必ずしも今すぐ施術する理由がないもの、即座に入手しなくてもよいものについては、多くの場合、慎重です。

同時に、まだ信頼しきれていない相手に対して、高いお金を支払うことにも慎重です。ましてや〝毎月美容に使える金額〟は人それぞれです。そこまで考えてあげないといけません。提案は、美容師側にも勇気が必要ですが、お客さま側も、不要な場合は断る勇気が必要で、メンタル面で消耗しやすいものです。

お客さまの多くは、「いい客でありたい」「嫌な客だと思われたくない」と考えてくださっています。

ですから、「お客さまが美容師に対して、断らなくてはいけないシチュエーション」は、なるべくつくらないほうがいい、というのが僕の考えです。断ることに罪悪感を抱いてしまって、来店しにくくなってしまう状況を招きかねません。

まずは、信頼関係をつくる。美容室なのですから、髪の悩み・不安解消と、おしゃれ感と再現性のあるヘアスタイルを両立させて提供し続けることが、最も早く信頼を得る方法です。お客さまに対して、「あれも」「これも」と、あせらないほうがいいのです。ヘアスタイルを気に入り、また来ていただく。再びヘアスタイルを気に入り、来ていただく。これが続けば、信頼されはじめている証しです。その上で、手軽なもの、料金の負担が軽いものなどから、少しずつプラスアルファの提案をするのが、結果的には一番うまく行くように感じます。

プラスアルファのメニュー

パーマ、ヘアカラー、トリートメント、ヘッドスパ、店販などでの売上が、サロンまたは美容師との信頼関係がないと増えにくいものであることは、先ほど書かせていただきました。

たとえば、シャンプーがあまり上手でないサロンで「うちのお店は、ヘッドスパがおすすめなんです。いかがですか？」といわれても、お客さまは、じゃあそのヘッドスパやってみようかしら、という気持ちにはなりにくいものです。

カット＆ブロー以外の料金が発生するメニューは、「この美容師のおすすめなら大丈夫だろう」といった、全面的な信頼を寄せていただいている状況であればあるほど、受け入れていただきやすくなります。

逆に、信頼関係がない状況での提案は、よい結果を得にくい、または一時的に得られたとしても、決して長続きしない傾向があります。

サロンの方針で、いろいろなキャンペーンを実施する場合があるかと思いますが、どんな内容のキャンペーンであっても、信頼関係ができあがってもいないお客さまにまで提案するような状況だと、大量失客の遠因になりかねません。

繰り返しますが、まずはできるだけ多くのお客さまと信頼関係を築く。

メニュー提案は、そのあと。

それも、手軽・気軽なものから。

会った回数が多いわけでもなく、まだ信頼関係もないのに、いきなり高料金をとろうとするから、失客してしまう――そのような側面が、あるのではないでしょうか。

大切なことなので繰り返して書きますが、お客さまに対して「あれも」「これも」と、あせらないほうが絶対にいいのです。

ちなみに僕は、本当に必要なものであれば、どんどんすすめます。必要のないものはすすめません。このスタンスでずっと続けています。いたってシンプルなんです。

サロン以外でのコミュニケーション

お客さまにメールをする。

LINEをする。

――僕は、一切したことがありません。

現在でも、ありがたいことに20代・30代のお客さまがいらっしゃいますが、LINEなどが一度もなくても、リピートしてくださっています。

アパレルや飲食など、サロン以外のさまざまなショップからのLINEやメールについて、思い浮かべてみます。

自分自身を客の立場に置き換えて考えると、お気に入りの洋服屋やレストランから僕あてにダイレクトメッセージが来なくても、必要になったら自分から行きます。

基本的には、これと同じではないかなと、僕は思っています。

そのため、僕からお客さまへ、むやみやたらに連絡することはありません。

もしかすると、美容師からのＬＩＮＥやメールにうんざりしている人もいるのではないかと、そんな気がしてなりません。

暑中見舞いや、年末年始のグリーティングカードのようなものだけは、郵送のＤＭで送っています。

ただ、お客さまが自営業であったり、洋服屋や飲食店といった職場で働いていらっしゃるような場合には、僕自身が客として、ときどき足を運ぶことはあります。

サロンへ来ていただくばかりでなく、こちらからも出向いてみる。一方通行で、常に来ていただくだけの関係性よりは、〝お互いさま〟のような関係を保つことは、信頼関係の構築に役立つと感じます。

前回と同じヘアスタイル

「いつもと同じで」

「この前と同じように」

お客さまから、こういった注文をいただく美容師は多いと思います。

このとき、本当に「いつもと同じ」「この前と同じ」ヘアスタイルをあまりにも忠実につくり続けてしまうと、お客さまはマンネリを感じやすくなっていきます。

「本当はもっとおしゃれしたいのに」

そう思っているにも関わらず、美容師に要望をどう伝えたらいいか分からない、だからこそ「いつもと同じ」といわざるを得ない、というお客さまが多いのです。

僕が常に心がけているのは、「いつもと同じ」といわれて、「はい分かりました」と返事をしたとしても、絶対に前回以上のヘアスタイルをつくる、という強い意識を持って臨むことです。

美容師であれば、お客さまの前回のヘアスタイルについて、必ず反省点があるはずです。

「ふくらみをもっとコンパクトにおさめればよかった」

「もう少し丸みをつければよかった」

大なり小なりの反省点を踏まえながら、お客さまには自宅でお手入れがしやすかったかどうかなどを聞いた上で、ヘアスタイルに反映させるのです。

つまり、見た目の上では前回と同じヘアスタイルにするけれども、前回よりも手入れがしやすくなっている、おさまりがいいなど、必ず何らかのマイナーチェンジをとり入れるようにしています。

同じヘアスタイルに見えて、お客さまがクオリティの向上を実感できるスタイルを。ときには、フルモデルチェンジを。

これも、長く指名され続ける美容師に必要なスキルです。

お客さまがリピートを決めるのは

一通りの施術が終わって、最後のスタイリングも終了。

お客さまはお会計をして帰られるわけですが、帰り際、お店を出るまでの間に、次にまた来るか、来ないかを決めています。

ほとんどのお客さまは、嫌な客だと思われたくないので、仮に「もう来ない」と決めていたとしても、笑顔で帰ります。

お客さまは料金を支払ってくださる側なのに、「ありがとうございました」という言葉をくださる方が少なくありません。本当は、感謝しなくてはいけないのは美容師であるはずですが、この仕事においては、お客さまから料金をいただいた上に、感謝されてしまう一面があります。

しかし、どれだけ笑顔で感謝の言葉をくださったとしても、次回またサロンへ足を運んでくださるかというと、その保証はどこにもありません。

前回の来店で、満面の笑顔で帰られたのに、来なくなってしまった——そんな経験を持つ美容師は、多いと思います。

技術、接客、居心地のよさ。お客さまは料金と照らし合わせて、値段に見合っているかどうかを総合的に判断しています。

お客さまがサロンに滞在する間、粗相のないように接しているつもりでも、お客さまから見たら、何かが足りない……特に気をつけたいのは、週末や年末など、サロンが忙しい日です。

スタイリストもアシスタントも、目の前のお客さまへの対応と、〝回すこと〟で頭がいっぱいになってしまって、施術の優先順位が低いお客さまに〝ひとりぼっち感〟を与えてしまいがちです。美容師から見れば、どうにもできない時間帯でもあるわけですが、「私の存在は忘れられている？」とお客さまに思わせないようにしましょう。スタイリストとアシスタントが連携して、手が空いているスタッフによる声がけ、飲み物や雑誌類を替えるといったフォローをするなど、どのお客さまにも〝ひとりぼっち感〟を与えない対応が必要かもしれません。

紹介を促す会話

お客さまとの会話は、髪以外の話をする時間が少ない、と述べましたが、何かのきっかけで、お客さまの家族や兄弟、彼氏(彼女)といった、お客さまの周囲にいる人の話題になるときがあります。

新規や二回目・三回目ではなく、もうすでに何度か来てくださっているお客さまと、そういう会話になった場合、たとえば

「お母さんのヘアスタイルは、どう?　似合ってる?」

というふうに聞いてみます。

「似合ってます」

といわれてしまえば、

「よかったね」

もう、その話題は終わりです。

ただし、

「全然似合ってないんです」

「もっとおしゃれしてほしいんですけど」

といった答えが返ってきたら、

「お母さんのヘアスタイル、僕が似合うようにします」

あなたから、切り出してみましょう。

お母さんに限らず、お父さんでも、お兄さん・お姉さん、弟でも妹でもいいのです。あるいは彼氏、彼女、友達でもいい。

まだ信頼関係ができあがっていないお客さまに切り出すのは、ちょっと難しいかもしれませんが、何度か指名で来てくださるような状況になっていたら、お客さまを増やしたいときに有効です。

実際に、こういう会話がきっかけで、紹介によって新規のお客さまが増えていくのが、僕の美容師人生の中で最も多いパターンでした。

紹介のお客さま

美容師にとって、紹介のお客さまは嬉しく、ありがたい存在です。

たくさんのサロンがあり、たくさんの美容師がいる中で、紹介という形ではじめてサロンへ来てくださる方が増えるのは、ただただ感謝の一言に尽きるのではないかと思います。

そして、紹介で来てくださったお客さまへの接客・技術は、担当美容師として、またサロンとして、絶対に失敗することができない、というのが僕の考えです。

もちろん紹介ではないお客さまも、失敗できません。が、それ以上に「やらかしてはいけない」のが、紹介のお客さまなのです。なぜなら、せっかく紹介してくださった方の顔に泥を塗る結果になってしまうからです。これだけは、避けなければなりません。

紹介のお客さまは、基本的に僕やサロンへの期待が非常に高い状態で来店されます。きれいになった自分、素敵になった自分をイメージして、わくわくしながら足を運んでくださるわけです。

そんなお客さまの期待を上回るヘアスタイルを提供できれば、次のリピートにつながります。

他のお客さまを紹介してくださることにも、つながります。また、紹介してくださったお客さまの面目を保つことができます。

しかし、失敗するとリピートにつながらず、別の方を紹介してくださる確率も格段に下がってしまいます。

また、紹介のお客さまに対しては、頼まれてもいないパーマ提案、同じくヘアカラー提案やプラスアルファのメニュー提案、店販品のおすすめなど、「いきなり高い料金をとろうとしている？」と警戒されやすい行為は、お客さまとコミュニケーションをとって、スタイリストが判断しましょう。そして、望んでいるお客さまには、おすすめしましょう。

まずは髪の悩み・不安をしっかりと聞き、技術を通して解消することと、おしゃれ感・再現性を同時に実現するヘアスタイルをつくることに集中するほうが、いい結果を得られやすいように思います。

〝当たり〟か〝はずれ〟か

はじめてのマッサージ院や整体院へ行くと、施術が始まって最初の数十秒で、なんとなく「この担当者は〝当たり〟か、〝はずれ〟か」が分かることがあります。

〝当たり〟だった場合はいいのですが、〝はずれ〟だった場合、その後の施術が苦痛になりやすいものです。時間の経過が遅いなぁ、早く終わらないかなぁ、もう帰りたい、などと考えてしまう人もいるのではないでしょうか。

お客さまの立場で見てみれば、ヘアサロンも担当美容師によっては、さほど変わらないのではないかと思います。

来店されて、荷物や上着をお預かりし、セット面に通されて椅子に座る。

担当するスタイリストが現れて、あいさつする。

ここまでの短い時間で、お客さまに「この美容室、〝はずれ〟かも」と思われないようにしたいものです。

また、気をつけたい瞬間の一つにシャンプーがあります。のちほど詳しく触れますが、シャンプーだけは、スタッフ間でレベルの差がないように、全員がハイレベルな施術を提供できるようにしておきましょう。

シャンプーが上手なサロンは、お客さまから純粋に「気持ちいい」「癒された」と感じていただきやすいメリットがあります。そして、シャンプー以外のメニューへの期待値も、非常に高まりやすくなります。

ところが、シャンプーがイマイチだと、それこそ「〝はずれ〟かも」と思われやすいのです。サービスで行なうマッサージやツボ押しも、同様です。

「この美容室へ来ると、ヘアスタイルがおしゃれになって、シャンプーやマッサージでスッキリした気分になる」と感じていただくほうが、絶対にいいのです。

お客さまに「時間の経過が遅いなぁ」「早く終わらないかなぁ」「もう帰りたい」といった思いをさせない、〝当たり〟のサロンを目指しましょう。

実年齢より若く

お客さまの性別を問わず、特に三十代以上の方は、実年齢より若く見えるヘアスタイルを喜んでくださいます。ですから、僕は「お客さまを絶対に実年齢より若く見せる！」と覚悟を決めてサロンワークに臨んでいます。

周囲の人たちに「若々しく見える」といわれて、イヤな気分になる人は少ないはずです。ヘアスタイルが若くなれば、気持ちまで若くなり、気分が上がる、元気が出るといった効果は実在すると、僕は思っています。美容の力は、僕たちが思っている以上に絶大です。この力を、使わない手はありません。

中には、仕事の都合などで、若々しさよりも、大人っぽい雰囲気、年上に見えるヘアスタイルを望まれるお客さまもいます。そういう方は別ですが、僕は五十代や六十代以上のお客さまに対して、その世代向けのヘアスタイルといったものは、用意していません。

年齢的には、五十代以上といえば〝大人の中の大人世代〟にあたります。だからといって、「年相応のヘアスタイル」というような考え方は、僕の中には存在していないのです。

髪のハリやコシが減ってきて、ボリュームが出づらくなってくるケースが多いのは、間違いありません。それでも、デザイン面では三十代のお客さまに対するときと変わらない提案をし続けて、実際に若々しいヘアスタイルをつくり続けることで、たくさんの指名をいただけるようになりました。

今の五十代・六十代以上のお客さまの中には、一九八十年代、九十年代に、さんざんおしゃれを楽しんできた方たちが大勢います。現在も人気の高いハイブランドの洋服を、三十年以上前に着こなしていた方もたくさんいます。そんな方たちに、いわゆる「おばさんヘア」「おじさんヘア」を提供してしまっては、ほぼ間違いなくリピートしていただけません。

やはり、いつまでも若く、きれいで、あるいはカッコよく、健康的で、おしゃれでありたい。そんな願いをシンプルに、サラッとかなえてあげられる美容師であり続けたいと思っています。

特定のお客さま

お客さまから、「美容師が特定の客とだけ楽しそうに話をして、盛り上がっていた。私とはほとんど話さないのに」というような、他サロンでの経験談を聞くことがあります。

スタイリストごとにいろいろな考え方があると思いますが、僕は特定のお客さまとだけ多く会話をする、というようなことはしません。

どのお客さまにも共通する会話の中身は、前にも書きましたが、その方のヘアスタイルに関する話です。特にお客さまの髪の悩みや不安についての話題が圧倒的に多いと思います。この話だけは、どんなお客さまとも均等に話します。

それ以外の話は、お客さまから聞かれれば話しますが、自分から切り出すことは、あまりありません。髪と関係のない話をしている時間がないからです。

常連のお客さまを優遇するサロンワークは、僕は個人的にはしない、というだけで、優遇があっても不思議ではありません。「こうしなければいけない」といったルールもないため、あとはスタイリストが各自で判断して、優遇したければする、しないのであればしない。それでいいのだと思います。

おそらく一番よくないのは、優遇したりしなかったりと、一貫性がないことかもしれません。

特定のお客さまの話とは異なりますが、どこかで知り合った方に「一度でいいから、サロンへ来ていただけませんか」というような形で、美容師が声をかける場合があるかと思います。

もし、その方が本当に来店された場合は、サロンワーク中のどんな局面でも、絶対にお待たせしてはいけません。パーマやヘアカラー施術の放置時間にお待たせしてしまうのは、お客さまも分かっているからいいのですが、そのどちらでもない場面でお待たせすることは、お客さまにとってストレスになるだけなのです。

「来てっていわれたから来たのに、待たせるなんて」

と、二度と来ていただけなくなってしまいます。

「私の髪を切ってほしい」

と頼まれた場合は、お待たせしてしまう可能性が高いことなど、サロンの状況をお伝えしてから、予約していただくようにしましょう。

生涯顧客

生涯顧客という言葉があります。

特定の美容師、または同じサロンに一生通い続けるお客さまを指す言葉として使われています。

生涯顧客が多ければ多いほど、集客活動にお金と手間をとられることなく、よりよいヘアデザインを考える時間をたくさんつくることができます。

ところで、お客さまが生涯顧客になるか否かを決めるのは、美容師ではありません。サロンでもありません。経営コンサルタントでもありません。

すべての選択権・決定権は、お客さまにあります。

「この美容師に一生、担当してもらいたい」と思われなくても、別にいいのです。結果的に「また横手を予約するか」と思ってもらえれば、それで充分です。これが生涯顧客ではないかと思います。

すでに何度も書いているように、お客さまの髪の悩み・不安を、技術を通して解消する。おしゃれ感と再現性のあるヘアスタイル。

周囲からの評判がいい。

これらを満たしたヘアスタイルを継続的に提供できれば、お客さまが生涯顧客へ近づいていくのは間違いありません。

あとは、たとえば薬剤が頭皮にしみやすい、というような悩みに対して、しみない施術を実現できること。

あらゆる局面で、待ち時間が少ないこと。

繁忙時、どのスタッフとも接しない時間が長くなったときに、「私のこと、忘れられてる？」というような不安感を与えないこと。

技術と接客を通して、料金に見合っていると判断していただけるサロンワークを継続すること。

先ほど書いたヘアスタイルの話に加えて、こうした点に気をつけるだけで、失客は減り、生涯顧客へのはじめの一歩になっていきます。

お客さまが多い美容師の特徴

サロンというのは生き物のようなもので、スタッフ同士のチームワークがすごくいい日もあれば、そうでもない日もあります。

お店全体が明るくポジティブな空気の日もあれば、なんとなく空気が重い日もあります。

しかし、どんな状況であろうと、お客さまには常に最高のヘアスタイルを提供し、リピートしていただかなければなりません。

そんな中、美容師として、これまでたくさんの先輩や同僚たちと、同じ屋根の下で仕事をしてきました。

指名が多い人、多くない人。

多かったけど減ってきた人、少なかったけど増えてきた人。

リピート率が高い人、高くない人。

本当にいろいろな美容師の姿を見てきました。

お客さまからの指名が多い美容師、お客さまのリピートが多い美容師には、共通点があるように思います。

それは、とにかく仕事に真面目であることです。

お客さまに対して、真面目。

技術に対して、真面目。

接客に対して。

時代の変化に対して。

すべて、一時的には真面目だったとか、真面目な時期もあった、というレベルではないのです。

五年、十年、二十年と、ずっと変わらず真面目なのです。

真面目でありながら、サービス精神の旺盛な人が少なくないのが、美容師です。人前では相手を笑わせたり、照れ隠しのためにふざけたりすることもあって、誤解されている人もいるかもしれませんが、実際は超・真面目な人ばかり……。お客さまが多く集まり続ける美容師は、プロ意識が高い超・真面目型です。

この真面目さを十年、二十年、三十年と持続できる人は、どのくらいいるでしょうか。

髪の悩み・不安を

お客さまの髪や骨格の悩み、不安を解消する。

これは、お客さまから信頼を得て、長くリピートしていただくために非常に大切なので、あえてもう一度書かせていただきます。

お客さまの髪の悩み・不安は、一人ひとりで異なります。

毛量が多い、少ない。

髪が太い、細い。

髪がパサつきやすい、広がりやすい、ボリュームが出にくい。

髪にクセがあり、思い通りのヘアスタイルにならない。

手入れがしにくい。

ハチが張っていて、変なボリュームが出てしまう。

後頭部の骨格に丸みがない。

顔の骨格が特徴的。

――例を挙げればキリがありませんが、お客さま一人ひとりに、髪や骨格に関するさまざまな悩み・不安があります。

これらをしっかりと聞き出して、技術で応えることが、美容師の役割の一つであると僕は思っています。

また、薬剤が頭皮にしみる、かゆくなるなどの症状が出るかどうかも、聞いておきたいところです。

そして、必要以上にお待たせしないこと。放っておいてほしいお客さまや、ずっとスマホをいじっているお客さまは確かにいます。だからといって、お待たせしていいわけではありません。

複数のお客さまを掛け持ちで進行する場合であっても、仕事のスピードを上げて、お待たせしないサロンワークを実践しましょう。〝サロンでのお客さまストレス〟を軽減することも、指名が多い美容師への近道です。

Some Kind of Beautiful.

第二章

スタッフとのコミュニケーションについて

スタッフなくしてリピートなし

白でも黒でもない、あいまいな時期を経て、誰もが成長していきます。

スタッフとお客さま

指名され続ける美容師になるには、スタイリスト本人の力量もさることながら、アシスタントを中心としたスタッフの役割がとても大切になってきます。

スタイリストの技術や接客がどれだけ素晴らしく、感動的なものであったとしても、ほかのスタッフの対応がよくなければ、サロン全体の印象が悪くなってしまうからです。これでは、二度とサロンへ足を運んでいただけなくなるかもしれません。

一人で切り盛りしている場合は別として、お客さまはサロン内で、担当スタイリスト以外の美容師と接する時間が必ずあります。そのため技術面だけでなく、接客やマナーの面でも、アシスタントへの教育をしっかりと行なっておく必要があります。

笑顔と、あいさつ。

お客さまに対する、やさしさ。

お客さまに喜んでいただけることを、どれだけできるか。

アシスタント自身が、こういう接客をされたらイヤだな、と思う発言や行動をしない。基本的には、この四つをおさえておきたいところです。

アシスタントには、自分が楽しいかどうかではなく、お客さまに喜んでいただくことを仕事の楽しみにしてほしいと思います。料金をいただく以上、主役は美容師ではなく、お客さまであるという認識を持つほうが、いろいろな面で間違いが少ないはずです。

スタッフの対応力は、お客さまがサロンへ入った瞬間から試されています。名前の確認。上着や荷物のお預かり。ウエイティングスペースや、セット面へのご案内。ちょっとした返事やお声がけなど、すべてにおいて、雑になっていないか。お客さまが感じやすい〝美容師の一瞬の油断〟を気にしながら、指導や教育にとり組んでいくほうがいいと思います。

百点満点の接客やサービスがあるとしたら、スタッフには何点を合格とするのか。経営者がどこまでを求めるのか。これによって、サロンの印象が大きく変わっていきます。

デキるアシスタント

アシスタントは、〝デキる人〟に越したことはありません。気が利く。同じミスを繰り返さない。いつもニコニコ・ハキハキしていて、気持ちのいいあいさつができる。

——理想をいえば、キリがありません。ただ、新人として入ってきたその日から超優秀、フル回転で大車輪の活躍、という人がめったにいないのも、また事実だと思います。つまり、〝デキるアシスタント〟は、意識的に育てていく必要があるのです。

デキるアシスタントは、必ずしも自然発生的に出現するわけではありません。生まれ持った資質がすぐれている人や、高校時代までの部活動などで鍛え上げられてきた人もいるかもしれませんが、ほとんどの場合、アシスタント教育の成果なのです。先輩方の導きによって、生まれるべくして生まれてくるのですから、どれほどアシスタント教育が重要か、という話です。

しかし今は、育てることがなかなか難しい時代です。特に、厳しい指導というものが受け入れてもらいにくくなりました。

おまけに、スタイリストとしてデビューするまでの期間が、以前に比べて短くなってきていると同時に、労働時間の短縮も求められています。

夜遅くまで、あるいは休日返上でのトレーニングなどが、なくなりつつある中で、どう育てていくか、知恵比べが続いています。

まずは、キャリアに応じた知識と技術をしっかりと身につけさせる。そして、小さなことでいいから、「お客さまに喜んでいただける実体験」を積んでいってもらう――人に喜ばれると、それまでの努力や、たいていの苦労は、「この瞬間のためにあったのかもしれない」と、アシスタント自身が実感できるはずです。小さな成功体験をたくさん積み重ねていく中で、美容師という仕事の手ごたえを感じてもらえるようにしたいものです。

僕のアシスタント事例

指名され続けてお客さまが増える状況が続くと、お客さまに対して、何から何までスタイリストが自分で担当する、というサロンワークが事実上不可能になってきます。

アシスタントを含めた複数のスタッフで担当する制度にしなければ、〝お客さまを回せない〟〝サロンが回らない〟状況に陥ってしまうためです。

僕は、予約の上限に達しているような日はカットと仕上げに専念して、ヘアカラーやパーマ、ブローをアシスタントが担当する仕組みにしていました。

薬剤の選定や調合、ロッドのサイズや巻き方、あるいはヘアカラー剤の塗り方、放置時間などをすべて僕が決めて、僕の指示に従って施術してもらう方法もありますが、僕は仕上がりのイメージだけを伝え、あとはアシスタントに任せていたのです。

アシスタントには、(アシスタントが)自分で考えて決めることの意義を伝えた上で実践していました。

お客さまにも、僕がパーマやヘアカラーの施術とブローをしない場合は、前もってお伝えし、了解を得てから進めることを徹底しました。

カットと仕上げ以外の施術をアシスタントが行なう形であっても、お客さまがリピートしてくださっていることは、とてもありがたい限りです。

指名を増やし、一定以上のお客さまの数を毎日担当するには、僕が全責任を負う前提で、「アシスタントに任せきる」決断が必要です。

それも、ただ任せるのではなく、常にスピードとクオリティを求めなければなりません。この両方が高いレベルで実現してこそ、お客さまの満足につながります。

いい加減な施術や手抜きをせず、一切の無駄を省いた短時間の施術で、質の高い仕事を追求する。それは、アシスタント本人にとってもメリットしかありません。自分で考え、工程を決め、ブローまで行なう経験は、成長のスピードを加速させてくれるはずです。

続・僕のアシスタント事例

カットと仕上げ以外の施術をアシスタントに任せる際には、パーマとヘアカラーについて、アシスタントがお客さまに提案するサロンワークを行なっていました。

僕が伝えた仕上がりのイメージに向けて、アシスタントが自分で考えたことを、アシスタント本人の言葉で伝えてもらうというものです。

準備も施術も、すべてアシスタント自身が行なう。パーマのかかりが弱い、ヘアカラーが染まっていない、ムラがあるなどの状況が起きないよう、僕が責任を持ってチェックするから、ポジティブに施術してほしい。アシスタントにはそう伝えて、任せていました。

任せることで、アシスタントはより自発的に、積極的に技術を学ぶようになりました。アシスタント同士、あるいはアシスタントとスタイリストの情報交換が活発になりました。そして、仕事がスピーディかつ正確になりました。アシスタントの意識と行動が変わっていったことは、とても印象的です。

この方法をスタートした当初から、僕を指名して足を運んでくださっているお客さまを、アシスタントの仕事がきっかけで失客したら……というような思いよりも、僕は「たくさんの実戦経験を積んで、うまくなってほしい」の一心で、背中を押していました。

アシスタントにとっては、もしかすると重圧だったかもしれません。僕自身、お客さまが増えるにしたがって、アシスタントへの要求も厳しくなっていったと思いますが、多くのお客さまを施術し、その方たちがリピートしてくださることで自信が芽生え、後輩に教えることができるレベルにまで伸びていきました。

この経験を乗り越えたアシスタントたちは、みんなお客さまの多い、プロのスタイリストへと成長していってくれました。

僕がすべての施術を自分でやると、〝お客さまが回らなくなる〟事態を防ぐための苦肉の策でしたが、アシスタントの成長と、サロンの底上げにつながったことは、予期せぬ喜びでした。

チームで動く

お客さまの予約が増えてからのオペレーションとして、セット面六面を使い、メインアシスタント二人、サブアシスタント三人、僕の計六人で一つのチームをつくって動いていました。役割を分担して、同時進行で複数のお客さまを施術していかなければ予約をさばききれないほど、指名のお客さまが増えていたからです。

前にも書いたように、僕はカットと仕上げに専念していました。パーマ、ヘアカラー、ブローは、提案から準備、施術まですべてメインアシスタントが担当しました。

サブアシスタントは、シャンプーを担当するほか、メインアシスタントの指示で動く体制をとっていました。

僕はカットと仕上げに専念したわけですが、ブロー後の最後のチェックカットを手短に行ない、最終仕上げは自分で担当するという流れになっていました。

チームで動く場合、施術のどこかで時間がかかり過ぎると、チーム全体に悪影響が出てきます。

アシスタントに対して、僕がスピーディかつクオリティの高い仕事を求めたのは、この両立を実現させなければ、仕事が回らなくなるからでもありました。

メインアシスタントに対しては、パーマやヘアカラーの具体的な施術について、特別な場合を除き「この技法を使わなくてはいけない」というような指示もあえて行なわず、その判断を任せました。

いうなれば、ゴールを目指してスタートしたあとは、ルール違反やマナー違反さえしなければ、どのルートを通っても構わない、という発想でした。

僕はカットと仕上げに専念していましたが、お客さまに「何時までに終わらせてほしい」といわれれば、クオリティを絶対に落とさずに、必ず十分前には終わらせる努力をしました。

どんなときも十分前に終わったわけではありませんが、十分早く終わらせると、お客さまの満足度が非常に高くなることを知ったのは、その後の美容師生活で非常に役立ちました。これも、アシスタントの的確なサポートがあったからこそできた、チームワークの賜物です。

忙し過ぎると

美容師として、指名のお客さまが多いのは嬉しい状況です。

ただ、あまりにもお客さまが増え過ぎてしまうと、スタッフ、特にアシスタントにしわ寄せが来ます。

アシスタントの負担が体力的にも、精神的にも、どんどん大きくなり、疲労や消耗を招きやすいわけです。また、忙しさゆえに、スタッフの誰かが常にイライラしているような状況が起こりやすくなります。

これは、サロン内にさまざまな不平不満が生じ、めぐりめぐってパワハラやモラハラ、セクハラなどの土壌になりかねないシチュエーションでもあると思います。

ほどほどに忙しくないと、アシスタントは適切な実体験を積むことができない。

忙し過ぎると、問題が起きる温床が生まれやすい。

このバランスの落としどころが、難しい時代です。

最も避けたいのは、お客さまがいない、ヒマな状態です。

ヒマであるよりは忙しいほうがいいのですが、〝忙しさ加減〟をどの程度にするか、サロンやスタイリストによるコントロールが求められます。

お客さまから指名され続けるためには、アシスタントの存在が大切であることはすでに書きましたが、彼ら・彼女らが忙し過ぎて消耗しきってしまったり、ハラスメントの被害にあうなどして、美容師という仕事への意欲をなくすような事態になることだけは、避けたほうがいいと思います。

スタイリストが一人で、何もかもを担当する状態になってしまうと、お客さまをこなしきれなくなるからです。

一日の予約数の上限を設けて、忙しくなり過ぎないようにコントロールする。適切な分業制度を決めて、アシスタントの経験値を高めるサロンワークを実践しながら、お客さまにも高い満足をいただき、指名をいただける信頼を強固にしていく。

僕自身、この地道な繰り返しによって、お客さまと長く快適な関係を築いてきました。この先、時代が変わっても、サロンワークの本質として、さほど変わらない部分ではないかなと感じます。

怒られる経験

スタッフの中には、今まで親や学校の先生から怒られたことがない、という人がいると思います。

そんなスタッフへの注意の仕方や、指導方法について、試行錯誤を繰り返している先輩スタイリスト、先輩アシスタントは少なくないはずです。

じつは、僕も美容師になるまで、人から怒られたり、厳しい指導を受けた経験がほとんどありませんでした。

親からも、学校の先生や部活の先輩からも、怒られる、叱られるというような機会が一度もなかったと思います。

世代的には、親や先生、先輩から、愛ある鉄拳が飛んでくるのが当たり前でした。殴られたかといって、ニュースにも話題にもならない時代でした。

そんな中、僕が一度も怒られることなく、〝のほほん〟と育ってきたのは、ちょっとした奇跡であるようにも感じます。信じられないかもしれませんが、事実です。

就職して、はじめて先輩から注意されたときは、びっくりしました。「この人は、何を言っているのだろう」と……。

怒られた免疫がないものですから、自分が注意を受けている実感もなかったのです。そんなことをいわれる筋合いはない、僕はちゃんとやっているのだから——と、いつも思っていました。

その後は、怒られる、叱られるの連続でした。それまで怒られた経験がなかった分、せきを切ったように、一気にまとまって押し寄せてきたのかもしれません。

最初は、僕は悪くない、僕だけ怒られるのは不公平じゃないか、くらいに考えていましたが、だんだんと、僕にも非があることが分かってきました。

幸運だったのは、自分でサロンを持つようになるまでの間、お世話になったすべてのサロンが、スタッフを厳しく育てる方針だったことです。

厳しい環境が、〝のほほん〟〝ぐうたら〟だった僕を変えてくれました。怒られるたびに反発していた時期もありましたが、次第に怒られる意味が分かるようになり、僕自身の新たなエネルギーに変換していきました。先輩や同僚からの厳しい指摘が、僕の原動力になったのは間違いないと思います。

続・怒られる経験

人から怒られたり注意されたりすると、真面目な人ほど深刻に受け止めてしまい、ネガティブになってしまう傾向があるように感じます。

また、怒られた内容よりも、怒られた事実そのものを引きずってしまう人もいます。

自分が否定されたような気になってしまったり、それまで積み重ねてきたものをダメ出しされた気分になったり、「早く辞めてくれよ」というメッセージなのかなと勘ぐってしまったり、とかくマイナス方向に考えがちな人がいます。

僕の経験上、ネガティブになるのは、百害あって一利なしです。

あまりに重く受け止め過ぎると、その後の仕事がつらくなっていくだけです。

深刻に受け止めてしまう習慣がある人に知ってほしいのは、周囲からの注意や指摘に対して、あまり敏感にならず、もう少し鈍感であっても大丈夫だよ、ということです。

これは、全部聞き流せだとか、聞く必要がない、といった意味ではありません。

怒られたこと、指摘されたことそのものは引きずらずに、忠告された内容について冷静に受け入れて、「自分ができていないもの、自分に足りないものに関して、教えてもらった」と、発想の転換をしてほしいと思います。なるべくいい方向に、プラス思考で前向きに考えるほうが健康的で、建設的です。

注意する側の人も、相手を全否定するために、わざわざ話をしているわけではないのです。

お客さまが多い美容師は、総じて真面目な人が圧倒的に多いのですが、人からの注意や指摘に関しては、発想を切り替えて、ポジティブに消化している人が多いのも事実だと思います。

自分に足りないものはこれかぁ、と気楽に考えて、勉強やトレーニングを通して、足りなかったところを埋めていく努力をしてきたからこそ、美容師としてのスキルも伸び、多くのお客さまから指名されるようになったのです。

今の時代は、スタッフ一人が辞めると、簡単に代わりが見つからないといわれています。指名され続けるサロンワークを継続する上でも、未来を一緒に描けるスタッフを根気強く増やしていきましょう。

続々・怒られる経験

怒られたり、注意されたことを引きずって、あからさまに暗くなり、誰とも目を合わせず、へこんでしまう人がいます。

こうなってしまうと、誰からも何もいわれなくなってしまう可能性があります。

かつての僕がそうであったように、怒られることに対して、免疫力が低い人に見受けられる特有の傾向かもしれません。

「いわれるうちが花」

「怒られるのも給料のうち」

こうした言葉がありますが、へこみやすい人は、周囲からいわれることへの免疫力を高めましょう。

厳しい言葉こそ期待の裏返しなのだ、と即座に切り替える習慣づけをしてほしいと思います。

なぜなら、指名され続ける美容師になるためには、自分らしさをかたくなに貫くだけでなく、ときには指摘や注意を受け入れて、自分自身を変えていく必要があるからです。

そういった指摘や注意の中身は、じつは複数の人が心の中で感じていることとシンクロするケースが少なくありません。

周囲からの注意や指摘に対して繊細な人、考え込み過ぎてしまう人は、ズバリ「怒られ上手」「いわれ上手」になったほうがいいと思うんです。

お客さまに対しては、繊細な接客や施術が大切ですが、サロンの身内から怒られたり注意された場合は、まず冷静に、相手の話の要点をつかみましょう。

そして、いわれたこと自体で悩むのではなく、いわれたことをきちんとやってみる。

それだけでも、引きずり過ぎずに済むきっかけになるはずです。

この話は、パワハラやモラハラなど、各種ハラスメントを肯定するものではありません。ブラックサロン・ブラック美容師をおすすめしているわけでもありません。指導する側の人は、どうしてもいわなくてはいけない瞬間があり、指導を受ける側の人は、聞き入れるほうがいい瞬間がある、という話です。

継続する力・持続させる力

先日、有名な寿司屋の職人さんに密着するテレビ番組が放送されていました。

その方は、外を出歩くとき、夏でも必ず長袖を着て、さらに手袋をつけるそうです。

どんな猛暑日でも、長袖と手袋の着用を怠らないというのです。

直射日光と紫外線を避ける女性のような防備姿でした。

普通に考えれば、汗をかき、暑くて大変そうです。

しかし、その理由を聞いて納得しました。

「日焼けした手で握るお寿司って、おいしそうに思わないでしょ」

職人さんは、テレビカメラの前でそう話していました。

すべては、日焼け防止のためだったのです。

日焼けしないのは、職人ならではのこだわりでした。プロのこだわりは、仕事場以外の日常生活にも及んでいるのだなと、改めて思い知らされました。

僕は、美容師に置き換えて、お客さまに対してどうあるべきか、を考えながら見ていました。この職人さんのような、ちょっとした小さな気づかい、心づかい、配慮の積み重ねが、何年、何十年というキャリアに比例して大きくなっていくのだろうな、ということは容易に想像できました。やがて、誰にも真似することのできないオリジナリティと、その人ならではの存在感につながっていくのでしょう。

誰でも、一時的な気づかいや、短期間の配慮であれば、できるんです。これをどれだけ継続できるか、だと思います。

寿司屋の職人さんに限らず、技術の世界の第一線で長く支持される人たち、長く成果を出し続ける人たちは、「継続する力」「持続させる力」が凄まじいのです。

世の中には、一時的に、あるいは瞬間的に輝く人、成果を出す人がいます。だけど、その輝きなり、成果を継続・持続させることが、結果的には美容師として指名され続ける要因になり得るのではないか――僕は、そんな気がしています。

アシスタントの成長

どのサロンにも、優秀なアシスタントは必ずいると思います。

アシスタント時代に優秀だった人が、仕事のできるスタイリストになる確率は、基本的には高いと感じます。

しかし、数年後には、いいスタイリストになるだろうなぁ……と期待されていたスタッフが、思いのほか伸び悩み、アシスタント時代の輝きをとり戻せないまま、長いスランプに陥《おちい》ってしまうこともあります。指示された仕事や、やり方があらかじめ定められている業務は高いレベルでこなすけれど、自分で仕事の組み立て方を考えたり、やるべきことを自分で決めるのが苦手な人の中には、デビュー後に精彩を欠いてしまうケースがあるようです。

一方、アシスタント時代はパッとせず、どちらかというと出来の悪い部類に入っていたスタッフが、デビュー後に飛躍して、とんでもない売れっ子スタイリストになることがあります。

こちらは先ほどと逆の例で、指示された仕事や、やり方が決まっている業務は苦手だったけれど、スタイリストという、ある種の自由を手にした瞬間から輝き出すような事例です。

つまり、一人ひとりに得意・不得意があり、いつどんなタイミングで花が開くか、分からないのです。アシスタントとして今一つだったからといって、見放すようなことはやめたほうがいい、ということです。

僕はアシスタント時代、とても出来の悪いスタッフでした。

決して遊んでばかりいたわけではなく、真面目に練習もするし、遅刻も欠勤も少ないけれども、とにかく物覚えが悪い、上達が遅い、何度も同じ注意を受ける、そんなタイプのアシスタントだったのです。先輩たちや同僚にどれだけ迷惑をかけたか、はかり知れません。

上達しないために、ほかの人の二倍、三倍の練習をしなければなりませんでした。けれども二倍、三倍の練習さえすれば、同期の仲間に追いつけるということも分かってきました。自分に必要な努力の目安が、明確になってきたのです。これは僕にとって大きな発見、気づきでした。

つぼみがつぼみのまま終わらないように、むしろ大きな花を咲かせることができるよう、先輩スタッフたちはアシスタントをサロンの未来に合致する方向へうまく導いてほしいと思います。

指名され続けるスタリストになるには、同じ方向を見ているアシスタントの存在が絶対的に必要なのですから……。

頼まれ上手

「明日の朝、いつもより三十分早く来てくれる？　ちょっと手伝ってほしいことがあって…」

と声をかけられて、

すぐに「ハイ分かりました！」と明るくいえる人。

とっさに顔色が変わって、言葉が出ずに、黙り込んでしまう人。

「手伝いって、何ですか？」と質問する人。

頼みごとや相談ごとに対するスタッフの反応は、さまざまだと思います。

一般的に、気持ちのいい返事ができる人は、物事を頼まれやすくなります。

それは決して「使い走り」「便利屋」のような意味ではありません。重宝されるため、情報も集まるようになり、やがて信頼につながっていく印象があります。

黙り込んでしまう人には、頼んだ側の人が「なんだか申し訳ないことをしてしまったな」「ごめんね」というような心情になってしまい、「次からは別の人に頼もう」といった思いを生んで、物事を頼まれる機会が減っていくように感じます。

やりたくない仕事、面倒くさい仕事でも、気持ちよく「ハイ！」と返事をして引き受け、楽しんでトライしてみることで、その人の存在価値は大きく変わると僕は思っています。

以前、何人かのスタッフの前で同じような相談をしたときに、「僕はいつでも大丈夫です！」と、一人だけ笑顔で明るく答えたアシスタントがいました。

その後、彼は顧客数、撮影数などが業界トップクラスの超有名美容師になっていきました。若いときから、美容に対して腹をくくっていたのだと思いますが、頼まれ上手になる、使われ上手になるということは、意外と大切なのではないかという気がしてなりません。

ただ、黙り込んでしまったり、「目的は何ですか？」というような質問をしてくる相手に対して、一方的に「あいつはダメだ」と決めつけてしまうのは、よくないと思います。

頼む側、使う側も、相手に「この人の頼みごとなら頑張る」「引き受ける」と思われるような人であったほうがいいはずです。

ミス、トラブル

サロンワークでは、何らかの形でミスやトラブルが起きることがあります。

特に、お客さまに対しての大きなミスは、気をつけているつもりでも起きてしまうものです。

接客時。

技術時。

どちらにも属さないタイミング。

ひとたび起こると、最優先事項として、お客さまへの謝罪が発生します。同時に、スタッフ同士のミーティングで議題になり、どんな原因で何が起きたのかを共有して、同じミスを繰り返さないための対応策が話し合われます。

その結果、サロンに緊張感がもたらされ、目立ったミスやトラブルがない日々が続くようになります。

「お客さまとのトラブルもないし、平和だなぁ」

平穏な毎日が長く続くのが理想ですが、このようなときこそ、要注意です。落ち着いたころに再びやってくるのが、特大のミスとトラブルなのです。

これまでの美容師生活の中で、数多くのお客さまトラブルを経験してきました。詳細は書きませんが、これらは往々にして、「最近、ミスやトラブルがないよね」というタイミングで起きています。

もしかすると、無意識のうちに緊張がゆるんでいたのかもしれないし、油断があったのかもしれない。もちろん、そんなつもりは全くないのですが……。

誰が悪い、責任は誰々にある、というような追及は意味がなく、自分は関わっていないから関係ない、というような話でもありません。美容師であれば、誰にでも起こり得ます。

大きな問題が起きない日々が続いているときにこそ、あえて戒《いまし》める雰囲気をつくっておくほうがいいと思います。トラブルが起きてからでは、遅いのです。

離職率

せっかく美容師になったのに、辞めていく人が多いという話をここ数年、特によく聞くようになりました。

では、昔は誰も辞めなかったのか、辞める人が少なかったのかといえば、そんなことはありません。いつの時代にも、辞めていく人は少なからずいるものです。

美容師に限った話ではありませんが、今は、イヤになったら無理をしてまで頑張らなくていい、というような風潮はあるのかもしれません。

あるいは、美容師になってみたけれど、「思っていたのと違う」と感じたら、辞めてしまう人がいるのかもしれません。

なぜ、美容師という仕事を選んだのか。その思いや経緯は、一人ひとり異なります。

中高生のころから美容師になることを決めていた、という人もいれば、あまり深く考えずに、なんとなく入ってみた、という人もいます。早く働いて、親に恩返しがしたかったから、という人もいれば、異性にモテそうだったから、という人もいます。おしゃれが大好きで、ヘアスタイルもファッションの一部だから、という人もいれば、気に入った美容室がないので自分でつくりたかった、という人もいます。

一生、美容師として頑張る、何があってもやり抜くんだと、腹をくっている人は多少の荒波であれば乗り越えていきますが、そこまで腹をくることができていない人も、少なくないと思います。

だからといって、覚悟を決めることができていない人を批判したり、否定するのは違うと思います。

白でも黒でもない、あいまいな時期を経て、誰もが成長していきます。

どんな職業でも、特に仕事を覚えるまでの間は、気持ちがフラフラと揺れやすい時期です。

毎日のように失敗をして、先輩に謝ってばかり。謝るために働いているのかな、と思う日々。

だけど、仕事ができるようになってくると、ちょっとずつ楽しくなってくる。

これは、誰でも同じだと思います。

だからこそ、仕事を覚える前に辞めてしまうのは、もったいないと感じます。

背負っているもの

スタッフ一人ひとりに、「どういう美容師になりたいのか」「どんなことをしたいのか」などを聞くことを、個人的な日課にしていました。

根掘り葉掘り、問い詰めるように聞くのではなく、たわいもない会話の流れの中で、さらっと聞いていました。

美容師になろうと思ったきっかけ一つをとっても、十人いれば十通りの答えがあります。なりたい美容師像や、やってみたいことなども、スタッフの数だけ存在するわけです。

それらすべてをかなえることができればベストですが、本当に全部実現できるかどうかは、正直なところ分からない。けれども、せめて知っておくだけで、一人ひとりの仕事への思いや、熱量のようなものを再認識できます。

そのことが、僕自身の新たなモチベーションにもなっていました。

人は、周囲の同僚や後輩について、同じ環境で働いているのだから、きっと何も言わなくても、自分と同じような価値観で仕事をしているはず、と思い込みやすいものです。ところが、実際にスタッフ一人ひとりと話をしてみると、それは幻想に近いことも改めて分かります。

仕事にかける思い、背負っているものなど、すべてが異なる。冷静になって考えてみれば、ごく当たり前のことなのですが、普段一緒に過ごす時間が長い分、自分と同じに違いないと思い込んでしまいやすいのかもしれません。

かといって、サロンを見てみれば、たとえばチームワークが悪くて、崩壊寸前の雰囲気というわけでもない。そもそも仲はよく、和気あいあいと、フレンドリーにやっている。だからこそ、ややこしい。

そんなスタッフへ、「指名のお客さまを増やし、リピート率も高い仕事をしたい」と伝え、理解と協力を得なければ、指名され続ける美容師になるのは難しいのが現実です。そのくらい、同じ方向を向いているスタッフの存在は大きいのです。

個性

美容師は、各自の個性を思いきり表現することができる仕事です。

お客さまのヘアスタイルには、つくり手の個性が出ます。

私服で仕事をするサロンであれば、勤務中のドレスコードのような規定はあると思いますが、自らの洋服とヘアスタイルで美容師自身の個性を表現できます。

だからこそ、お客さまとの接し方については、きちんとあいさつができ、失礼のないマナーをわきまえておく必要があると思います。ここをちゃんとできるアシスタントは、お客さまからも、先輩たちからも、認められやすいように感じます。

ド派手な見た目と、礼儀正しく、感じのいい人柄とのギャップがきっかけで、アシスタントのときからお客さまに可愛がられる美容師は、いつの時代もコンスタントに存在しています。

美容師は、こういう接客をしなければならない、というような決まりやルールがありません。

しかし、僕が今までに見てきた、指名が多いスタイリストには、共通点がありました。それは、スタイリスト一人ひとりで個性が違うにもかかわらず、総じてお客さまとの接し方が上手だったことです。

売れるスタイリストは、自分自身を周囲と差別化するために、試行錯誤しながら、独自の接客を確立して、磨きをかけています。他店との差別化はもちろん、同じサロンのスタイリストたちとの差別化も考え抜いた接客です。

僕は、いろいろな先輩や同僚、後輩のさまざまな接客を見て、いいな、と感じたところを積極的にとり入れていきました。仕事というものは、他者のよいところを真似することも大切だと思うからです。

お客さまとは基本的に髪の話が中心、と書きましたが、これも、以前勤めていたサロンで見た光景に影響を受けています。仕事が上手で、お客さまが多い先輩は、ほぼ例外なく髪の話で接客が成り立っていたのでした。いろいろな個性のいいところを自分にとり入れてみると、さらに光り輝く個性になっていく気がします。

シャンプー

アシスタントがお客さまに最も喜んでいただける瞬間の一つは、シャンプーだと思います。限られた時間の中で、十本の指をフルに使って、お客さまに気持ちよさを感じてもらわなければいけません。

サービスとして行なうマッサージやツボ押しも同様ですが、お客さまが「雑だな」「適当にやってる」「ヘタだな」と感じないよう、細心の注意を払わなければならない施術です。

この業界でよくいわれるのは、美容師がお客さまの身体の一部に直接触れる時間が、シャンプーと、サービスのマッサージくらいしかない。だからこそ、雑なシャンプー、適当なシャンプーをしてはいけない、というものです。

一度でも雑なシャンプーを受けると、担当したアシスタントだけでなく、そのサロン全体がイメージダウンの対象とされてしまいます。

また、シャンプーが上手なサロンは、お客さまへのヘッドスパなど、プラスアルファのメニュー提案も受け入れてもらいやすいと聞きます。

そのくらい、サロンにおけるシャンプーは、重要な存在なのです。

例えば、頭皮が硬いお客さまは、強めの指圧を伴うシャンプーを好む傾向がありますが、お客さまの頭皮の状態を見て、そのお客さまに最適な力加減を判断する。あるいは、「シャンプーはお客さまを眠らせてなんぼ」といった考え方で、気持ちのいいシャンプーを徹底する。それだけでも、お客さまにとっては「来てよかった」という満足感の一部になり得る上に、記憶にも残りやすくなります。

僕はアシスタント時代、シャンプーのテストに合格できず、ほかのスタッフより何倍もトレーニングしなければなりませんでした。しかし、合格したあとは、誰よりも多くのチップを獲得していました。詳しくはのちほど書きますが、習得するまでに時間がかかった分、シャンプーへの思い入れは人一倍あるように感じます。

そして、何よりも、シャンプーが上手なサロンはお客さまが多いのです。指名のお客さまを増やす際にも、シャンプーが上手なサロンは有利だと思います。

「仕事を楽しむ」の意味

「何事も楽しむことが大切」というフレーズをよく耳にします。

仕事が楽しくなるか、つまらなくなるか。すべては自分次第である、という格言を聞いたこともあります。

つまらないなぁ……と思いながら仕事をするよりも、どんなこともポジティブに楽しむ心の余裕があったほうが、いい結果につながりやすいのかもしれません。

しかし、美容師は、「楽しい」の主語を自分にしてしまうと、現実とのズレが生じやすくなるように感じます。

「私が楽しい」

「僕が楽しい」

これでは、お客さまとの間にギャップが生じてしまうのです。

なぜなら、自分が楽しいかどうかを基準にした場合、そこにはお客さまが存在していないからです。

「お客さまが嬉しい」

「お客さまが喜ぶ」

僕たちは、お客さまあっての仕事です。お客さまがいなければ、美容師の仕事は成り立ちません。

だからこそ、お客さまの喜び=人に喜んでもらうことを自分の楽しみ、喜びとする——。

これは、ずっと変わらない僕の考え方です。

僕自身が楽しむのは、当たり前。

だけど誤解を恐れずに言えば、僕の楽しさなんて、お客さまは何の興味も関心もありません。

とはいえ、自己満足の追求も必要です。コンテストやフォトなど、クリエイティブな活動を大切にして、新しさと創造性をはぐくむ時間も欠かせません。

サロンワークでの第一の基本は、お客さまの喜び。

髪の不安・不満・悩みを解消した、おしゃれで再現性の高いヘアスタイルを提供する。お客さまに喜んでいただくことが、楽しくて楽しくて仕方がない。

これを何年も何十年も継続しなければ、指名もリピートも紹介も、増えようがないのです。

理想的なペース

できるだけ長くサロンワークを続けたいと考えている人は、一日に何人のお客さまを担当するかを決めるなど、自分が理想とするペースでの仕事が可能な状況をつくることがベターだと思います。

忙し過ぎると、スタイリスト以上にアシスタントへの負担が増大し、体調やメンタル面に不調をきたすケースが出てくるからです。

アシスタントのうちに、超多忙なサロンワークを経験しておくことは、長い目で見れば絶対にプラスになる要素です。将来スタイリストになった際、忙しいときの対処方法が分かります。この経験がないと、いざお客さまが増えた場合に、最適なオペレーションが分からず、試行錯誤に多大な時間をとられることになってしまいます。その間、スタッフにもお客さまにも迷惑をかけてしまうのです。

ただ、あまりにも忙しい状況は、アシスタントにとって、現実的には必ずしもポジティブではないわけです。

かといって、アシスタントなしで頑張る、とスタイリストが覚悟を決めたとしても、一日に担当できるお客さまの数を増やすことが困難になるだけです。

逆にヒマ過ぎるのは、いうまでもなく絶対に避けなければなりません。

毎日均等に、快適な忙しさが続くよう、予約をコントロールできるようになるには、お客さまの数が一定以上のレベルにまで増えていることが必須です。

これまでに述べてきたように、お客さまの髪の悩み・不安を技術で解消し、なおかつおしゃれ感と再現性があって、周囲の人たちに「どこの美容室へ行っているの？」といわれるヘアスタイルをつくり続けること。クオリティの高い技術を提供し続けること。この両方を継続していくことで、失客は減っていくはずです。

美容業界にも働き方改革が普及している中で、短時間で最大限の成果を出すことが求められています。このような状況にも合致するのが、理想的なペースの構築だと思います。

お客さまの悩みを共有する

お客さまの髪の悩み、不安を解消するにあたっては、お客さまの話をよく聞くことが、その第一歩になります。

僕はスタイリストになりたてのころ、お客さまにヘアスタイルのことを、とことん聞いていました。

お客さまも、思いのたけを話してくれました。

だけど、当時の僕には、お客さまの考えを即座にまとめることができず、また聞き返す。お客さまは、また話してくれる。その繰り返しでした。

先輩からは「時間をかけ過ぎている」と怒られましたが、話をよく聞いてくれる美容師がいる、と評判を聞いた方が新規で来てくださる効果もありました。

確かに、時間のかけ過ぎはよくありませんが、ヘアスタイルに関するお客さまの話をじっくり聞くことは、適度な時間内であれば、とても大切なコミュニケーションなのだなと実感しました。

お客さまの髪の悩みや不安は、スタイリスト一人が知っていればよい、というわけではありません。アシスタントとも情報を共有して、チーム一丸となって対応していくのが一番いいと思います。

セット面に座ると緊張してしまって、あまり話さなくなるお客さまには、アシスタントがシャンプー台で聞いてみる工夫も必要です。得た情報は、サッとデータに書き込むなどして、常に情報を共有できていることが望ましいと思います。

指名のお客さまが増えるということは、スタイリストだけでは対応しきれない時間帯も増えることを意味します。アシスタントと連携を深めて、チームでお客さまの満足度を高めるようにしていきましょう。

指名客を増やす環境づくり

サロンの規模、スタッフの人数、お客さまの人数を考えて、予約をきちんとコントロールしないと、失客につながってしまう可能性があります。

お客さまは、思うように予約がとれない状況が続き過ぎると、あきらめて、他店へ行ってしまうことがあります。その場合の多くは、「よそへ行ってみたけれど、あまりよくなかった」といって、再び戻って来てくださいますが、いずれにしても、こういう形での失客は非常にもったいないものです。

かつて、サロンで起きた実体験として、セット面の半数以上を僕のお客さまが独占してしまい、複数のスタイリストが仕事できない事態が続いてしまった時期がありました。これはこれで、大問題でした。

今でも、指名の多いスタイリストが複数いるサロンでは、出勤日をずらしたり、予約をコントロールするなどして、セット面にもシャンプー台にも空きがない状況をつくらないように、こまやかな調整をしているケースがあるかと思います。

かといって、移転拡張にはリスクも伴い、決断が難しいところです。

サロンワークの難しさを感じる瞬間の一つとして、同時進行で複数のお客さまを担当する際、タイムラグが生じてしまって、お客さまをお待たせしてしまう時間の存在が挙げられます。予約に遅れてきたお客さまがいる、パーマやヘアカラーの工程で予想以上に時間がかかったなど、時間が押す理由は常にあるのですが、このお待たせタイムを減らすためにも、スピードとクオリティが両立したスタイリストの技術とアシスタントの仕事が必須だと考えます。

They Made Me So Very Happy.

第三章

技術、デザインについて

個人的な視点から

つくるヘアスタイルが古くなったら、アウトなんです――。

出尽くしても、なお

いまや、ありとあらゆるヘアスタイルのパターンが、出尽くした感があります。

この状況の中から、新しさを感じさせるヘアスタイルを生み出していくのは、容易なことではありません。

それでも、志《こころざし》が高い美容師たちは新しさを求めて、研究や勉強を重ねていると思います。もしかすると今は、次の時代を担うデザインが生まれる〝夜明け前〟のような日々なのかもしれません。

音楽や映画、ファッションなどの分野でも、それぞれの表現方法が「出尽くした」という指摘があります。そういわれて久しいのですが、新しさを感じさせるものは、いつの時代もコンスタントに出現しています。

それらの共通点として、今までになかったものをゼロからつくり出すというよりも、過去に存在していたものをリスペクトしながら、今っぽくリメイクする方向性が鮮明になってきているように見受けられます。

一九六十年代風、八十年代風……というように、定期的なリバイバルブームが音楽界やファッション界に出現するのは、「出尽くしたからこそ」の現象なのかもしれません。

過去の何に目を向けるか、そのセンスが問われているとすれば、美容師も先人が残した作品を数多く鑑賞・研究して、知識を蓄え、個々の感覚でリメイクしてみる価値はあると思います。

海外の著名な映画監督の中には、小津安二郎《おづやすじろう》や溝口健二《みぞぐちけんじ》らが監督を務めた戦前〜戦後の日本映画に精通している人が何人もいます。往年の作品をそのまま模倣するのではなく、良いところを現代のテクノロジーと組み合わせて創作する傾向が続いています。

つまり、膨大な知識と、一つのことを追い求めるエネルギーを、クリエイションの原点にしているというのです。人々を感動させたり、熱狂させる作品は、こうしたところからも生まれてくるのでしょう。

美容師も、研究・勉強を重ねている人たちが、新しいデザイン、スタイルの可能性や方向性を見つけ出していくはずです。

レベルアップ

美容業界では年々、技術やデザインのレベルが、全般的に上がってきていると思います。

その要因を考えてみると、サロン独自の勉強会やトレーニングの存在、美容師を対象とした各種アカデミー、技術の講習会などが盛んに行なわれていることが挙げられます。

また、技術に関する出版物、ＳＮＳやネット上で閲覧できる動画などのコンテンツも非常に多く、美容師が熱心に学び、吸収してきた成果が現れているのだと感じます。

モデルやウイッグを使ったコンテストや、フォトコンを通じたレベルアップも見逃せません。

フォトといえば、美容師が自分でつくったヘアスタイルの撮影が習慣化した点も、レベルアップに貢献しているように見受けられます。写真に撮ることで、デザインを客観的に見ることができるようになったのではないでしょうか。

美容師同士がさまざまな情報を共有し、技術を教え合い、切磋琢磨しながら、互いに成長していく。それが、美容業界のいいところだと思います。

こうして、勉強熱心なサロンは、技術・デザインの追求と、お客さま満足の向上に余念がありません。常に高みを目指して、走り続けている印象があります。

デザインを常に探求し、新しさを発信できるヘアデザイナーは、いつの時代も力強く存在していてほしいと僕は思っています。

なぜなら、個性や新しさを感じさせるヘアスタイルには、それ一つで人の気持ちを高揚させ、エネルギーやパワーを生み出す源泉になり得る、非常に尊い価値があるからです。

この尊い価値を広めることこそ、志が高い美容師の役割で、混迷する時代に必要なのです。

シンプルな

シンプルで、きれいで、どこかに新しさを感じさせる、見ていて飽きの来ないスタイル。

僕が一番好きなヘアスタイルです。

ただシンプルなだけでなく、デザイン性があるもの。

新しさやトレンド感など、見る者に訴えかける、プラスアルファが内包されているもの。

もう一度書きますが、大好きです。


余分なものをそぎ落とした、シンプルの極致《きょくち》のようなデザインを具現化するのは、簡単そうに見えて、とても難しいものです。

こういうデザインをつくることができる人は、ナチュラルからモード、アヴァンギャルドにいたるまで、ありとあらゆるヘアデザインをやり尽くしてきた人だと思います。

ヘアスタイルは、インパクトのある派手さを表現するほうが、比較的つくりやすい。一見、派手さに欠ける、シンプルできれいなスタイルは、簡単につくれない。

だからこそ、奥深いのです。

僕がシンプルなスタイルに惹《ひ》きつけられる理由も、その奥深さにあると思います。

あとで詳しく書きますが、僕は若いころ、ヘアスタイルの切り抜き写真をたくさんスクラップしていました。その中から、自分でいいな、カッコいいな、きれいだなと思ったヘアスタイルの写真と、そうではない写真に分類していきました。そして、いいなと思ったヘアスタイルをつくることができるようにトレーニングをしていたわけですが、僕がいいな、好きだなと感じたヘアスタイルをどんどん突き詰めていった結果、僕が一番好きなスタイルは飽きの来ない、シンプルなヘアスタイルでした。

じっと見入ってしまい、何時間眺め続けても飽きないようなスタイルには、美容師としての職人魂が揺さぶられます。そんな職人の心の琴線《きんせん》に触れるスタイルを、たくさん見たいし、僕自身、これからもつくり続けたいです。

新しさを感じるフォルムとバランスが伴って、なおかつ似合っていること。そんなヘアスタイルが、大好きなんです。

続・シンプルな

シンプルなヘアスタイルについて、前のページで書きました。ここでは、サロンワークやトレーニングにおけるスタイルをお話しします。

お客さまに指名され続ける美容師になるには、得意なヘアスタイル、圧倒的に自信があるヘアスタイルをいくつか持っているほうがいいと思います。オールマイティに何でもできることも大切ですが、得意技を身につけておくと、自分自身を助けてくれることがあるからです。僕の場合、その一つがグラデーションボブでした。まだキャリアが浅かったころから、ファッション誌や美容雑誌で「上手だな」「きれいだな」と思うグラボブを見つけては、同じフォルムやボリューム感をつくれるようにと、切るトレーニングを積んできました。

いいな、と思うグラボブの写真を見ながら（一枚の写真しか情報がないのです）、とにかく少しでも近づくよう、文字通りの試行錯誤を繰り返す――自分で考えて、実践する。失敗して自分でまた考えて、実践する。全くスマートではない、とても原始的な練習方法でしたが、不器用で上達が遅かった僕には、逆にちょうどよかったのかもしれません。〝考えるトレーニング〟にもなり、なぜ、毛先がおさまるのか、おさまらないのかなどを〝考える習慣〟が身についたように思います。

あるお客さまには最高にハマったスタイルが、別のお客さまには全くハマらない。もう、なんだか悲惨な仕上がりに……そんなことも一度や二度ではありませんでした。冷静に考えれば当たり前なのですが、お客さまにせよカットモデルにせよ、一人ひとりの骨格や髪質、生えグセなどが異なります。同じように切っても同じにならないジレンマは、数えきれないくらい味わいました。

とにもかくにも、たくさんの数(髪を切った人数)をこなしてみて、初めて見えてくるものがある世界です。特にボブの場合、骨格だけでなく、首の長さや太さも考慮しなければいけないのが、余計にグラボブの奥深さを増長させています。

ショートヘア全般に同じことがいえますが、お客さまの首が長い・短い、太い・細い、それぞれを最もきれいに見せ、ヘアとのバランスの最適解を導くには、どうすればいいのか——。「こうすれば解決する」という正解のマニュアルがあるようで、存在しません。これこそ、美容師個々の経験値と、センスが問われる瞬間です。

飽きないデザインとは

ヘアスタイルは、どんなものも、新鮮さがなくなっていく運命にあると僕は思っています。流行を打ち破るような大胆なデザインも、あっという間に普及して、気がつけば飽きられている場合が多いように感じます。

ヘアに限った話ではないのかもしれませんが、デザインとは、儚《はかな》いものなのかもしれません。だからこそ、一瞬のきらめきのために全力を注ぐことが、逆にロマンティックであるようにも思えます。

とはいえ、中には古くならないものがあります。

たとえば五十年近く前に発表されたヘアスタイルに、全く古さを感じず、新鮮な印象を受けた経験がある人も多いのではないでしょうか。

ヘアスタイル以外でも、建築物、ファッション、アートなど、さまざまな分野で、古くならないものがあります。すべて、時代を越えて輝きを放つデザインです。


飽きの来ないデザインとは、何だろう。

飽きない理由は、どこにあるのだろう。

僕は、そんなことを考えながら、飽きが来ないヘアスタイルをつくりたいと思い続けてきました。

シンプルで、カッコいい。

シンプルで、きれい。

シンプルで、おしゃれ。

僕にとって、飽きないデザインとは、まずシンプルであることなんです。

しかし、振り返ってみると、僕自身が「飽きの来ないスタイルをつくれた！」「これは完璧！」と満足できた仕事は、ありません。「こう切ればよかった」「もう少し軽くすればよかった」というような反省ばかりで、素敵に仕上がったように見えても、つくった僕にしか分からない改善点が常にあります。

その繰り返しで、理想とするシンプルさに、少しでも近づけていくことが僕の目標です。

デザインの向こう側

髪が長いか、短いか。

パーマ(カール、ウエーブ)があるか、ないか。

ヘアカラーは明るいか、暗いか。

ものすごく極端に分類すると、この六択の中から、最小で一つ、最大で三つ程度を組み合わせて、どういうデザインにするかを考える必要があります。

その上で、お客さま一人ひとりで異なる骨格や顔立ち、髪質、クセの有無。さらにいえば、ショートヘアとボブの場合は首の太さ、長さ。これらをすべて考慮して、なおかつ似合わせていかなければなりません。

また、デザインを決める際には、別の視点も必要です。代表的な例としては、お客さまの職業や趣味、ファッションの傾向など、日常的なライフスタイルが挙げられます。

このときに、お客さまの周囲には普段どういう人たちがいるのかを考え、その人たちに思いをめぐらせながらスタイルを考えてみると、あなた自身に新しい視界が開けてくるのではないかと思います。

あまり反響がないヘアスタイルにするよりは、周囲の人たちから「素敵になった」「きれいになった」「カッコよくなった」といったポジティブな反響があるほうが、お客さま本人も、また美容師にとっても、絶対にいいからです。

カチッとしたヘアスタイルや服装が求められる仕事に就《つ》いているとすれば、その枠の中で、最大限のおしゃれ感、清潔感、品のよさを表現する。そして、何度も書いているように、お客さまがヘアスタイルに関して困っていること、悩み、不安を解消する。

制約が少なく、比較的自由におしゃれを楽しめる環境にいるお客さまであれば、周囲にいる人たちも、同様の環境にいるはずです。

こうしたお客さまの〝向こう側〟を意識して、周囲にいる人たちが、「どこで切ったの？」「どこの美容室に行っているの？」と聞かずにいられないヘアスタイルづくりを継続することが、指名され続け、紹介のお客さまが増える美容師への近道なのです。

視野を広げる

一昔前に比べると、独自の技術マニュアルを有するサロンが増えてきたと思います。

カット、パーマ、ヘアカラーを中心に、他店にない独自性を打ち出すための一環です。

これだけサロン軒数が多く、競争が激しい時代ですから、明らかな差別化につながる技術をサロン内で平準化することは、もはや当たり前なのかもしれません。そのスタンダードな技術に、スタイリスト一人ひとりの個性を上乗せし、熟成させていくことで、より独自性の高い技術になっていくのでしょう。

カット料金が高いサロンは、料金と同じか、それ以上の価値をお客さまに感じさせる技術とデザインを追求しているはずです。

サロンごとにテーマは異なると思いますが、スタイリストを目指す美容師は、自店の技術マニュアルを一通りマスターすることが最優先事項になっていると思います。

しかも今は、夜遅くまでの居残り練習をしにくい時代です。いつ練習すればいいのだろう、というくらいに限られた少ない時間の中で、トレーニングしなければなりません。

練習時間が圧倒的に少ないのに、デビューまでの期間は短縮化されてきています。

つまり、まだキャリアが浅い美容師たちは、サロンで決められたもの以外のことをする時間や、余裕がなくなってきているのではないかという気がしてなりません。

たとえば、美容師向けの専門書や雑誌、あるいは世界中の最新ヘアトレンド情報サイトなどに目を通して、自分のサロンには存在していない感性でつくられた作品を数多く見ることなどは、僕は美容師として非常に大切であると感じています。

そこから何かを感じとり、自分の技術やデザインに反映させていくトレーニングも、他店との違いを打ち出す際の大きなアドバンテージになり得る要素です。

ところが現状では、短くなった労働時間内にやるべきことが多すぎて、そこまでの余裕がない。決められたことを決められた通りに覚えることに必死で、そこから先のアレンジや発展性に乏しい美容師が増えてしまう危惧があります。美容師は、技術職です。常に技術とデザインを追い求めてほしいと思います。

呼び込む力

サロンワークを長く続け、多くのお客さまに来ていただくためには、新しい技術やデザインの勉強が欠かせません。

それも、スタイリスト一人が理解していればいい、というわけではなく、アシスタントをはじめとしたスタッフとも、技術とデザインに関しての情報を共有するほうがいいと思います。

サロン全体で共有してこそ、スタッフのレベルアップにつながります。

そして、より多くのお客さまの「素敵になりたい」「きれいになりたい」といった願望をかなえて、喜んでいただけるようになります。

また、技術・デザインの追求と同時に、今はお客さまをサロンへ呼び込む力が求められている時代です。

そのため、SNSや動画、集客サイトなどを使って、独自の情報を発信している美容師も多いと思います。たくさんの人に関心をもってもらい、集客につながるよう、ヘアスタイルの写真や動画の撮り方、見せ方などにも工夫が凝らされています。

これらの存在がなければ、お客さまにサロンを知っていただく機会が減り、新規の来店客が著しく減少してしまうサロンもあるかもしれません。

すべては、お客さまをサロンへ呼び込むための活動です。お客さまがいなければ、せっかく学んだ技術を披露することもできません。

技術、デザインの追求と、お客さまを呼び込むためのアクション。すべてをバランスよく実践する時代になっています。

ベーシックの意義

個性的な作風で有名な画家やアーティストは、いわゆる〝普通の絵〟〝正統派の絵〟も、非常に上手であることが知られています。パブロ・ピカソやサルバドール・ダリ、アンディ・ウォーホルは、その代表格です。

これと同じように、デザイン力がすぐれている美容師は、ほぼ例外なくベーシックも上手です。ベーシックという土台がしっかりとできているからこそ、土台の上にデザインという花を咲かせることができるのだと思います。

スタイリストを目指しているスタッフには、基本的な技術について、サロンで決められているベーシックなカリキュラムをしっかりと身につけさせることが大切だと思います。

カリキュラムは、そのサロンならではの技術が凝縮され、競合サロンとの違いを打ち出したものが詰まっているはずですから、まずはそれをきっちりマスターさせることです。

カットしかり、パーマやヘアカラーしかり。

技術で迷ったら、サロンのカリキュラムに立ち返る。そのくらい大きな存在であるのが、独自のカリキュラムであり、ベーシックな技術です。ベーシックができれば、やがて応用もできるようになります。

物覚えや飲み込みが早い人はともかく、遅い人は、トレーニングを数多く繰り返すしかありません。何度も練習を繰り返して、体で覚えていくのが一番いい、ということです。

ただし、今は働き方改革の影響で、練習時間が限られてしまいやすい時代です。限られた時間を、いかに効率よく使いきって、最大の成果を出すかが問われています。

逆にいえば、だらだらとした長時間のトレーニングができなくなりました。短時間で集中したトレーニングを繰り返して、ベーシックをマスターしてほしいと思います。

たくさんの数をこなす

これからスタイリストになる後輩がいる人は、カットモデルによる練習の大切さを伝えてあげてほしいと思います。

ここでは、ヘアスタイルをどうやって似合わせるか、デザイン性をどう加えるか、自宅での再現性をいかに考慮するかなど、限りなくサロンワークに近い形でのトレーニングが中心になります。

カットモデルでの練習のメリットは、二回、三回と繰り返して同じモデルさんに来てもらうことで、周囲の反応がどうだったかを知ることができる点です。

「評判はどうでしたか?」

必ず聞いてみましょう。いい評判だけでなく、よくない評判があったとすれば、それも聞いておきたいところです。

「いい美容師になりたいので、よくなかった評判や、気に入らなかった点、スタイリングしにくかった点も教えてください」

と率直にお願いすれば、相手も分かってくれて、教えてくれるはずです。

もし、ここでネガティブな報告をたくさん受けたとしても、へこんだり、落ち込んでいる時間はありません。いい美容師になるために、改善しなくてはいけない事柄を知ることができたとポジティブにとらえて、次のトレーニングへ前向きにつなげていきましょう。

カットモデルの数は、多ければ多いほど、さまざまな意見やデータの収集が可能になり、美容師として成長していく上で大切な財産を蓄えていくことにもなります。

トレーニングでは、毛量、髪質、生えグセなど一人ひとりの素材が異なる中で、例えばコームを当てる角度であったり、パネルの引き出し方など、ちょっとした動作にも意識を持って、「こうしたら、ああなった」「ああしたら、こうなった」というような発見や、気づきを積み重ねていくことが大切です。

施術の過程で気づいたことをノートやスマホなどに書き留めておき、自分だけの参考書にするのもいいかもしれません。この時期の経験が少ないままキャリアを重ねていく人は、あとで大きな壁にぶつかるケースが多いような気がします。

自信を持って

あなたがスタイリストとして、たくさんのファンをつけ、繰り返し指名をもらう美容師になるには、あなた自身が「自分は誰よりもうまい！」「お客さまをきれいにできるのは、自分しかいない！」というような強い気持ちと、自信を持つことです。

ちょっとした小さな自信、控えめで謙虚な自信よりは、もはや誰にも負けないくらいの圧倒的な自信のほうがいいと思います。

これだけ多くの美容師、サロンが存在する時代です。ちょっとした自信程度なら、美容師全員が持っています。むしろ他を寄せつけない、群を抜いた圧倒的な自信でなければ、その他大勢の美容師と一緒に、お客さまの記憶から消去されてしまうのです。

誰にも負けない圧倒的な自信は、やがて空気感やオーラとなって、必ずお客さまに伝わります。お客さまから見て、頼りがいがあり、またヘアスタイルを担当してもらいたいと思ってもらえる美容師と、なんとなく頼りなく、忘れ去られてしまう美容師の違いの一つは、ここにあります。

こうした空気感を発することができるようになるには、相応のトレーニングを積み、また数多くのヘアスタイルを研究して、自分自身の「目」に確信を持つことが大切です。

「目」とは、このお客さまにはこういうヘアスタイルが似合う、こうすれば絶対かわいくなる、カッコよくなる、といった判断力です。

それも五分、十分と判断に時間をかけてしまっては、意味がありません。最初の数十秒、もしくは一分程度で、迷いなく判断できる力を身につけることが望ましいと思います。

よく「私の目に狂いはなかった」という表現で使われることがある「目」ですが、特に美容師とお客さまは、お互いに「私の目に狂いはなかった」状態であるほうがいいのです。

美容師から見たら、そのお客さまが最高に輝くヘアスタイルを見抜き、的確な判断を、技術によって継続して提供できる「目」。お客さまから見たら、この美容師にやってもらってよかった、このサロンを選んでよかった、という「目」。お互いの「目」の一致は、良好な関係を長く続ける上で必要不可欠なのです。

そして、何度も書いていますが、お客さまの髪の不安、不満を解消でき、おしゃれ感と再現性の高いヘアスタイルを提供しなければ、リピートしない、紹介も増えないことを常に忘れないようにしましょう。

美容が好き

お客さまが多い、指名され続ける美容師の共通点の一つは、誰よりも美容が好きで楽しめていることです。〝好き〟の大きさや深さは、想像を超えるレベルにあると思います。

ヘアスタイルやデザインについて、いつも考えている人。

サロン以外の場所でのあらゆる経験や、見たもの、感じたものすべてを、美容師としての仕事にフィードバックでき、ヘアデザインに反映させ、ヘアスタイルを通してお客さまに提供できる人。

誰よりも、人の髪をいじる、人の髪をさわることが好きな人。

美容が好きだからこそ上手になるし、楽しめて、何もかもが苦にならない――結局、美容が好きな人には、かなわないんです。すべての面で、かなわない。

そういう美容師が、この業界にはたくさんいます。

じゃあ自分は別の方法でお客さまの多い美容師になる、という考え方もあると思いますが、一時的にお客さまを増やすことは可能でも、お客さまが多い状態を何年も、何十年も継続できるかというと、ちょっと難しいかなと思います。

美容が好きで楽しむ、といっても、長時間働くことが素晴らしいとか、朝早くから夜遅くまでずっとサロンにいる、というようなこととは、意味合いが違います。ブラック美容師、ブラックサロンにはならずに、美容を大好きになる。いや、単に「なる」ではなくて、なりきる。なりきった状態を、当たり前にする。

こうなれば、行動が変わります。行動が変われば、結果が変わります。これを一時的にではなく、長く継続させる。非常に難易度が高いチャレンジかもしれませんが、だからこそ、トライする価値があります。

このくらい腹をくくった美容師でないと、指名のお客さまは増えないのです。

変化を楽しむ

仕事での使用頻度が多い薬剤や機器、道具などの進化がめざましい時代です。

かつて、平成のはじめのころまでは、多くのサロンでアンモニア臭が漂っていました。薬剤のにおいです。当時、ヘアサロンといえば、このにおいがイメージされていたほどでした。

現在、そのにおいをかぐことは、東京ではほとんどなくなりました。これも、薬剤の進化です。においだけでなく、機能面での進化が著しく、ヘアデザインの表現にもポジティブに作用していることは、いうまでもありません。

美容師は、使い慣れた薬剤にこだわり続けるタイプの人と、新しい薬剤を積極的に試すタイプの人に大別できると思います。中には、満足できる薬剤がないために、自分で開発されているケースもありますが、きわめて少数派です。

長年、使い慣れた薬剤や機器を変えずに、こだわり続ける姿勢も大切です。

僕自身は「やりやすさ」「使いやすさ」「仕事の早さ」などを重視します。

また、薬剤を最新のものに変えてみると、できあがるヘアスタイルの質感などが変わる可能性が大きいです。美容師にとっては、その変化が楽しみである反面、不安も多いかもしれません。どう転ぶか分からない不安定性よりも、より確実に、転んだ先をイメージしやすい安定性を求めて、使い慣れた薬剤に頼る心情は、ものすごく分かります。

その一方で、薬剤を思いきって変えてみて、できあがったものが〝今〟のヘアスタイルであると考えることもできると思います。

パーマもヘアカラーも、薬剤とともに、デザインがどんどん進化してきています。もちろん、薬剤をむやみやたらと変えればいい、という話ではありません。新しいものを試してみて、納得がいくまで実験をしたり検証をした上で、とり入れてみることで、今まで見えていなかった視界が開けてくる可能性が大きい、ということなんです。これは美容師にとっても、お客さまにとっても、ネガティブな話ではないはずです。

写真に撮る

自分でつくったヘアスタイルを、写真に撮影する美容師は多いと思います。

写真というフィルターを通して、より客観的な目線でヘアスタイルを見ることができるのは、大きな利点です。

どこをどう直せばいいか、どういうデザインが望ましいのかなど、自分がつくっているヘアスタイルについて、考えるきっかけを与えてくれるのが写真です。

客観的に見てみると、新しさがないなぁ……おしゃれじゃないなぁ……質感が……メリハリが……と、足りないものが数多く浮かび上がってきます。

気づいた点を直して、また撮る。

自分がつくったヘアスタイルには、何が足りないのか。

どこをどういうふうに変えていけば、よりよいヘアスタイルになるのか。

その繰り返しで、仕上がりの精度が上がっていく側面はあると思います。

写真に収められたヘアスタイルを、あえて厳しい目で見てみると、多くの課題に気づくはずです。

僕は、ヘアスタイルをつくった美容師の「その人らしさ」が表現されているかどうかも、大切なポイントであると思っています。

つくり上げた段階では、自分らしさを表現できた、というような思いがあったとしても、いざ写真で見てみると、思ったほど伝わっていないことが少なくありません。

よくも悪くも、美容師としての自分の現在地を教えてくれるのが、写真なのかもしれません。

そこから目をそむけずに、向き合うことで、技術力やデザイン力が向上していくように感じます。

レベルの高い環境

僕は美容師になってから、職場の先輩や後輩、仲間たちに恵まれてきました。

一言でいえば、レベルの高い人たちに囲まれていたのです。

仕事に対して、真面目。シビア。厳しさがある。

厳しくも優しい美容師は、デザインと技術の追求を怠らない人たちでもありました。

そういう環境に身を置かせてもらえたおかげで、今の自分につながる仕事観、職業観が形成されていきました。

もし、もう少しユルい先輩や仲間たちばかりだったら、きっと僕のキャリアは全く違うものになっていたと思います。

仕事に厳しい人たちに囲まれていた影響で、僕自身、お客さまが増えてきたあとも、油断や慢心はありませんでした。

むしろ、どれだけお客さまが増えようとも、まだまだ自分に足りないものが多過ぎたのです。

また、常にアンテナを張りめぐらせておくことの大切さを学び、それらが自分の仕事にプラスの作用をもたらしてくれました。

ヘアデザインや技術に関する情報をたえず収集し、仕事に反映させていく。

こういう行動は、自分が育ってきた環境下で醸成されていったものです。

あとで詳しく書きますが、もともと僕自身は〝のほほん〟とした、相当マイペースな人間でした。別の言い方をすれば、かなり鈍感で、〝使えないやつ〟でした。

そんな僕が、曲がりなりにも美容師を長く続けることができているのは、仕事に厳しくストイックな美容師たちに囲まれて育ったことが大きいと思っています。

美容師は、若いころの職場環境によって、キャリア形成が大きく変わるといいます。どのような人に出会うかによっても、美容師人生はガラリと変わってしまいます。

そういう意味で、僕はとても幸運でした。今、改めて、その思いを強くしています。

素敵なヘアスタイル

前後左右、どこから見てもきれいで、周囲の人に「いつも素敵なヘアスタイルね」「どこの美容室で切っているの？」「私も同じ美容室へ行ってみたい」と声をかけられるスタイル。

実年齢よりも、絶対に若く見えるスタイル。

プロの高度なブローやスタイリングのテクニックがなくても、お客さまが自宅で、同じように再現できるスタイル。

お客さまの髪の不安や不満を解消したスタイル。

僕は、これらをすべて兼ね備えたヘアスタイルを意識的につくってきました。

これからも、大きく変わることはないと思います。

こういう仕事を、来る日も来る日も、お客さま一人ひとりにやり続けられるかどうか。つまるところ、美容師が飽きることなく、継続できるかどうかにかかっているのです。

あなたの気分が乗らない。

疲れている。

体調が悪い。

なんとなく面白くない。

――そんなことは、どうでもいいんです。少なくとも、指名され続ける美容師になるには、どうでもいい。きれいになりたいと思っているお客さまには、全く関係がないのですから……。

お客さまが、いつもきれいでいられるように、担当美容師として最善を尽くす。

お客さまが、「きれいになれた！」と実感できる。

実感が、その日限りではなく、次の来店まで持続している。

はじめてのお客さまに対しても、何十回来てくださっているお客さまに対しても、同じフレッシュな気持ちで向き合い、絶対に素敵なヘアスタイルに仕上げる。

この基本的な姿勢を、いつまで、どこまで持続させられるか――。

美容師の真価が、問われます。

最後の一手

どのお客さまに対しても、僕がサロンワークで必ず行なっていることがあります。

それは、最後にスタイリング剤をつける前に、もう一度シザーズを入れることです。チェックすることで、再現性をよくします。

スタイリング前の状態を見て、気になる箇所を直します。お客さまの性別や年齢を問わず、必ず直します。おそらく、直さずにそのままお帰りいただいても、お客さまから見れば、何の問題もないと思います。

だけど僕は、髪が乾いて、スタイリングを開始する前に、はじめて出てくる「つくり手として、ちょっと気になる箇所と再現性」を放置したくないのです。そのままお帰りいただくのが、イヤなんです。僕自身が納得した形で終わらないと、ものすごくモヤモヤしてしまいます。

もし、次の予約のお客さまがすでにお見えになられていて、お待ちいただいているとします。そのように、時間が少し押しているような状況でも、これをやらないと納得できないのです。

僕に職人気質があるとすれば、こういうところに出ているのかもしれません。

この「最後の一手」は、僕が最も大事にしている瞬間でもあります。僕のこだわりポイントは、ここにもあるようです。

もうすぐ仕上がるタイミングなので、また髪を濡らして切るというようなことはしません。ドライのまま、サッとスピーディに切ります。

具体的には再現性をよくすることと、毛量や質感の調整、毛先のなじみをよくするなどです。「ここをもう少し切ったほうが、スタイリングしやすくなる」「ここを切っておくほうが、髪が伸びた後もスタイルがくずれにくい」というような視点に基づいたものが多いと思います。

僕と長く一緒に仕事をしていたスタイリストからは、「横手さんは『最後の一手』でキメてくる」といわれていました。

僕自身は、ただ納得いかない形でお帰りいただくのがイヤだ、最後まで自分自身が納得のいくカットをしたい、というだけで、深く考えたこともありませんでしたが、いわれてみると、たしかにその通りかもしれません。

ヘタクソという言葉

僕は若いころから、先輩方に「ヘタクソ！」と何十回もいわれ続けてきました。

実際、ありえないくらいに不器用で、上達が遅く、正真正銘のヘタクソだったので、返す言葉もありませんでした。

ネガティブな人だったら、「ヘタクソ」といわれて、「私は素質がないのかな」「見込みがないのかも」「美容師に向いていないのかな」「先輩から嫌われているのかもしれない。もう辞めようかな」などと、悪いほうへ考え込んでしまうかもしれません。

当時の僕は少し傷つきながらも、鈍感だったため、そこまで考えがおよばなかったのが、かえって逆によかったようにも思えます。

ただ、その後、経験を積んでいく中で分かってきたことがあります。

それは、「ヘタクソ」とは「うまくなれよ！」の反対語であり、本当にヘタクソであることを伝えてあげる目的がある一方で、美容師として伸びてほしいからこその言葉でもある、ということなんです。

「いつ、うまくなるんだよ？」

「今だろ？　今しかないだろ？」

そんな意味が込められた、愛の言葉でもあると気づいたのは、僕自身が「ヘタクソ」といわれる回数が減ってきたあとでした。

ああ、もっと早く気づいていたら、傷つかずに済んだかもしれないのに……と思ったものです。同時に、そういう言葉をかけてくれる人たちが、じつはありがたい貴重な存在なのだな、ということにも改めて気づかされました。

きちんと指摘してくれる人がいる環境って、ありそうで、意外とないのです。

今と違って、ほめて伸ばすというような発想がまだ少なかったころの話です。今だったら、「ヘタクソ」なんて言ってしまったら、パワハラだ、モラハラだと、ちょっとした騒ぎになってしまうかもしれません。

時代背景が違うとはいえ、のんきで鈍感だった僕を変えてくれた環境にいられたことに、感謝の気持ちでいっぱいです。

もしも新規のお客さまが十人いたら

もしも新規のお客さまが十人いたら、何人リピートさせることができますか?

――と聞かれたら、あなたはどう答えますか。

想像力を働かせて、新規のお客さまが十人というシチュエーションに思いをめぐらせてみると、わくわくする感情が湧き上がってきます。


あなたに新規のお客さまが十人いたとして、リピートは何人くらいでしょうか。

五人くらいでしょうか。あるいは、二~三人。それとも、十人全員でしょうか。

一度きりの来店で終わってしまうお客さまは、何人いるでしょう。

これも、五人くらいでしょうか。

二~三人でしょうか。それとも、十人全員でしょうか。

はたまた、十人の中で、別のお客さまを紹介してくれる人は、どのくらいいるでしょう。

僕だったら、十人全員にリピートしていただくことを前提に、全力でサロンワークします。

十人全員のリピートが無理だとしても、リピートされた方からの紹介で別の新規のお客さまに来ていただき、最終的には十人を十五人、二十人と増やしていくためのサロンワークを実践します。

具体的にどんな仕事をするのかについては、この本を読み通していただければ、だいたいお分かりいただけるはずです。

しかし、こうして見てみると、お客さまの数の維持がどれだけ難しいか、改めて分かるのではないかと思います。

だからこそ、おしゃれ感と再現性の高いヘアスタイルを通して、「これからもこの美容師にやってもらいたい」と思っていただける仕事を根気強く続けることが大切です。

一番の美容師に

お客さまから指名され続ける美容師とは、お客さまにとって、一番の美容師であることを意味しています。

お客さまが「美容師ランキング」「ヘアサロンランキング」を個人的に持っているとしたら、一位の美容師だけが指名され、一位のサロンにのみ足を運ぶのです。

これだけ多くのサロンがあり、多くの美容師がいる中で、一位になるのは並大抵のことではないはずです。

しかも、他サロンのスタイリストとの同率一位では、ダメなんです。二位以下に差をつけた一位でなければ、お客さまはフラフラとあちこちのサロンへ行くことになってしまいます。

また、二位・三位以下では、もはやリピートしていただける要素がありません。

かつて政治の世界で、「二位じゃダメなんでしょうか？」というフレーズが話題になりましたが、指名を増やしたい美容師は、お客さまにとっての二位では意味がないのです。

どんなことがあっても、一位であり続けないといけません。一位でなければ、お客さまはわざわざ指名などしないのですから……。

もし、二位以下に転落しても、また一位に返り咲くことができるように、日ごろから真摯《しんし》なサロンワークを習慣づけておかなければなりません。

美容師は、お客さまにとって一番の存在にならなければ、仕事がなくなってしまう運命にあります。

幼少時から、大人になったあとも、ずっと同じ美容師に担当してもらっている人は、きわめて少数であるはずです。ほとんどの方は、いくつかの美容室へ足を運び、何人かの異なる美容師に担当してもらった経験があります。

お客さまの過去の担当美容師を含めて、「やっぱりこの人が一番」と思っていただける美容師になる覚悟を決めること。

その覚悟を一時的なものに終わらせず、サロンワークを続ける限り持続させること。

そうすれば、お客さまの一位になるために何をするべきか、何が足りないのかなど、おのずと見えてくるものがあると思います。

デザインの反省

日々のサロンワークの中で、お客さまが満足するヘアスタイルを提供できたとします。

お客さまに喜んでいただくことが、僕の最大の楽しみであるわけですが、そのヘアスタイルについて、つくり手の僕にしか分からない改善点や、「もう少し、こうしておけばよかった」というような反省点が、今も絶えることなく生じています。

「おさまりが悪かった」

「もっと丸みを出せばよかった」

――【最後の一手】で書きましたが、ヘアスタイルの中で僕が気になった箇所は、スタイリングの前に必ず直します。

それでも、「もっとああすればよかった」「こうすればよかった」と、反省が途切れた試しがありません。

そして、次回の来店時には、反省をふまえたヘアスタイルをつくります。すると、今度は別の新しい改善点、反省点が出てくるのです。

つくづく思うのは、この仕事は「納得できない」の繰り返しである、ということです。

納得できたヘアスタイルをつくった経験は、僕自身ありそうで、ないのです。

お客さまに信頼され、指名される美容師になるには、お客さまの髪の悩みや不安を解消し、なおかつ、おしゃれ感がある再現性の高いヘアスタイルであることが大切、と何度も述べてきました。

僕はいつも百点満点の仕事をしようと心がけてサロンワークに臨んでいますが、自己採点では、満点をとったことがない。

だからこそ、美容師を長く続けているのかもしれない……そんな気がしてなりません。

Your Mode Is Hair Mode.

第四章

美容師という仕事にどう向き合うか

現在・過去・未来

そうか。僕自身が美容をもっと好きになればいいんだ——。

付き添いで行った美容学校

僕は、東京都大田区にある蒲田《かまた》という街で生まれました。

下町か、山の手かといえば、明らかに前者です。羽田空港に近く、多摩川を越えれば神奈川県。東京の端っこにあります。

両親は二人とも絵心が豊かで、若いころは日本画を描いて生計を立てようとしていたそうです。結局、絵の世界で食べていく夢はかなわず、父はデザインの仕事をしていました。

兄弟は三人で、兄と妹がいます。

僕は小学校から高校まで、すべて地元の学校に通いました。

高校三年になり、進路を決める時点で、卒業後はデザインの勉強をしたいと思っていました。中でもグラフィックデザインへの憧れが強く、美術系の大学へ行き、どこかのデザイン事務所か、企業のデザイン部門に就職して、将来はグラフィックデザイナーになりたいと思っていました。

ところが、美大の受験に失敗。浪人生活を送っていたある日、アルバイトをしていたレコード屋の先輩から「美容師の専門学校に願書をとりに行くから、一緒に行かない？」と誘われ、ついて行くことにしました。蒲田から電車で二駅、大井町《おおいまち》にある現在の東京マックス美容専門学校です。

それまで、美容学校という存在を知ってはいましたが、自分にはあまり関係がないかなと、気にも留めていませんでした。

付き添いで行った美容学校では、職員の方に案内され、僕も一緒に校内を見学させてもらいました。

そこで僕は、メイクアップというカリキュラムの存在を知りました。

メイクアップは、人の顔を美しく彩るということ――。

僕がやりたかった、デザインに通じるものがあるように思えました。

グラフィックデザインとは違うけれど、人をデザインして美しくするメイクアップという仕事も、やりがいがありそうだな……。

当時アメリカの有名化粧品ブランドだった「マックス・ファクター」の名前が使われている美容学校で、メイクアップを勉強する――僕は、急に美容学校への興味が湧いていきました。

最初の就職

「将来、グラフィックデザインで食べていくのは、難しいかもしれないよ」

父のアドバイスもあり、僕は美容学校への入学を決めました。

学校は現在と違い、一年制でした。メイクアップにはヘアの知識も必要であると知り、一年後、僕はヘアサロンに就職することを決めました。

就職活動の際、同級生の一人が言いました。

「デパートの中にある美容室なら、デパートの閉店時間に合わせて、お店も早く閉まる。だから、毎日早く帰れるはず」

――こんな雑談の延長線上で、東京都内の百貨店にテナントとして入っているサロンの面接を受け、採用が決まりました。

サロンは、そのお店だけで五十人以上のスタッフがいる大型店でした。同期で配属されたメンバー十人のうち、男子二人は僕と同じ美容学校に通っていた同級生。勤務先も同じになったのです。

どんなお店なのかなど、僕は自分が就職するサロンの情報を詳しく知りませんでした。また当時、営業終了後にトレーニングをするのが常識であることすら、把握していませんでした。

入社一年目。百貨店の閉店時間と、僕たちの帰宅時間は全く関係がなく、毎日そう簡単に早く帰れるわけではないことを学びました。

しかし、それよりもショックだったのは、僕自身、自分に課せられた業務・役割について、予想以上に何もできない現実でした。

まず、シャンプーのテストに合格しなかったのです。

同級生の二人は、シャンプーのトレーニングが始まって二ヵ月後には合格し、次の課題に移っていきました。ほかの同期も、だいたい三ヵ月で合格していました。

だけど僕だけは、合格しませんでした。そのため、三ヵ月目以降も、僕だけシャンプーのトレーニングが続きました。僕は、同期の中でダントツのビリでした。

仲間たちに比べて、向上する幅、進歩する幅がとても小さかったのだと思います。

上達が遅かった、あのころ

シャンプーのトレーニングでは、一学年上の先輩がマンツーマンで指導してくれていました。新人の中で僕だけがシャンプーのテストに合格しないものですから、その先輩は毎日、遅い時間までサロンに残らなければなりませんでした。

シャンプーのモデルと教官役を兼ねていた先輩は、早く帰れないことについては一言の愚痴も言いませんでした。毎晩遅くまで、不器用な僕が合格するまで付き添ってくださいました。

そんな僕は、どれだけ不合格が続こうとも、自分が「できていない」という自覚がありませんでした（最悪の奴です）。文字通り、本当に全く思っていなかったのです。

むしろ「僕はできているのに、何がダメなんだろう？」と本気で考えていました。

しかし、あまりにも合格しない期間が長く続いたものですから、次第に、どうやら僕は全然できていないのかもしれない……ということが、おぼろげにようやく分かってきました。

それまでの人生の中で、自分がどういう人間なのか、深く考えたこともありませんでした。

このときの経験を通して、僕は何かを覚えるのにとても時間がかかるタイプであることが分かりました。それも、人の倍以上も時間がかかる、かなり要領の悪いタイプなのだと、自分の特性をはじめて思い知らされたのです。

楽しそうに仕事をしている先輩や同期の仲間たちが、とても要領がよく、仕事を覚えるのに苦労しない人たちに見え、うらやましく思いました。

周囲に比べて、自分ときたら……これから先、美容師の仕事に必要なたくさんの業務や知識を、一つひとつ覚えていけるのだろうか？

いいようのない不安につきまとわれる日々が、はじまったのです。

はじめてのチップ

結局、シャンプーは四ヵ月目に合格しました。

早い人は二ヵ月目でクリアしていましたから、二倍の時間がかかったことになります。

シャンプーで入客できるようになると、一部のお客さまからチップをいただけるようになりました。それは、はじめてお客さまに喜ばれ、認めていただけた瞬間でした。

感謝の言葉だけでなく、チップまで——嬉しくて、なんとなく苦手意識があったシャンプーも、少しずつ苦痛ではなくなっていきました。

驚いたのは、僕はシャンプーの合格が最も遅かったにもかかわらず、最終的には、いただいたチップの額が同期の中でかなり多かったことです。シャンプーの試験に合格するまで、人より二倍もの時間が必要だった分、トレーニングした時間や回数も二倍だったわけです。もしかしたら、それだけシャンプーの腕が上がっていたのかもしれません。

そのころ、先輩から「シャンプーが上手な人は将来、いい美容師になる」といわれ、僕の未来にも少しは望みがあるかも、と思ったりもしました。

しかし、次の課題だったワインディングで、再びつまずき、合格するまでに、またもや多大な時間を要してしまいました。

入社三年目。ついに、スタイリストデビューすることができました。

デビューといっても、シャンプーやワインディングのときのような、試験に合格したわけではありませんでした。さまざまなチェックをクリアしてきたアシスタントは、三年目になれば自動的にスタイリストになれるシステムだったのです。現在と比べて、のどかな時代だったのかもしれません。

当時は、サロンへ来店される半数以上のお客さまが、指名なしでお見えになっていました。指名なしで来られたお客さまは、まだ指名客がいない若手スタイリストが均等に担当できるよう、先輩たちが割り振ってくれていました。そのため、僕たちは少ない日でも一日二～三人の入客ができていました。

指名なしで来られたお客さまに、いかに気に入っていただき、またご来店いただくか。これは僕の中で、すでに個人的なテーマの一つになっていました。

スタイリストになれたけれど

当時の僕は、わずか数パターンのカットスタイルが、引き出しの中にある貴重なヘアデザインの持ち駒でした。

その少ない持ち駒と、年齢的な若さ、そして気持ちだけが武器でした。

気持ちとは、「このお客さまのヘアスタイルは、僕が一生担当する!」という強い思いでした。

その考えだけは、デビュー当時から心の中に秘めていたのです。

同時に、「お客さまが『今までで一番いい』と感動するヘアスタイルをつくる!」と気合を入れて臨んでいました。

だけど、デビュー間もない僕の技術力では、大した提案ができない……そのことは、すぐに分かりました。

もっとお客さまが素敵になるヘアスタイル、お客さまにもっと似合うイメージはどんどん湧いてくるのですが、僕自身に技術力がなさ過ぎて、思い描いたデザインやイメージを形にすることができなかったのです。

このジレンマは、言葉で表現するのがとても難しいです。

いずれにしても、このままでは、ヤバい……それだけは間違いがなく、とてつもない危機感を覚えました。

なかなかシャンプーで合格しなかったときに分かったように、僕は人よりも上達に時間がかかります。今からカットの持ち駒を増やす勉強を始めたとして、どのくらいの時間がかかるのか。これればかりは、自分でも予測できませんでした。

スタイリストになったものの、この先、やっていけるのだろうか——。

そんな心配を打ち消すためには、たくさんトレーニングをして、つくることができるヘアスタイルのバリエーションを増やすしかありませんでした。

ああでもない、こうでもないと悩んで何もしないよりは、実際にハサミを持って、手を動かす。上達するまでに時間がかかることは百も承知でしたが、もはや「やるしかない」状況だったのです。

とはいえ、いいようのない不安は、いつも心の片隅に残ったままでした。

僕は美容師に向いているのか

そのころから、僕の中で自問自答がはじまりました。

そもそも、僕は美容師に向いているのだろうか。

本当は、向いていないのではないか――。

これは切実な悩みでした。

かといって、仮に美容師を辞めたら、今の僕に何ができるだろう。

必死に考えてみましたが、やりたい仕事は頭に浮かんできませんでした。かつて憧れたグラフィックデザインをやるにしても、ゼロからの出発。ほかに手っとり早くできそうな仕事も、そうあるものではありません。

行き場がない。逃げ道もない。やっぱり、美容師をやるしかない……と思い始めていたある日、ふと気づいたことがありました。それは、もうこれ以上できない、といいきれるくらいに努力してきたのか？　という自分自身への疑問です。

「これ以上やったら倒れるレベル」まで、いいかえれば、精魂《せいこん》燃え尽きるようなレベルまで、練習したのか。

答えは、NOでした。

では、どうすれば、倒れるくらいに一生懸命、練習に打ち込むことができるだろうか……。

僕は、それまでに自分が打ち込んだ経験のあるものは何だろうと、頭をしぼって考えました。

思い当たるものが、学校の授業科目で二つありました。美術と体育です。絵を描くことと、陸上の短距離だけは、人と競いあえるレベルでした。小学生のときから高校を卒業するまでの間、僕が描いた絵が入選して全校生徒の前で表彰されたりしていました。

そんな理由もあり、美術と体育は、僕自身が大好きな科目でした。どれだけ長時間、絵を描いても飽きず、疲れもしませんでした。

好きだったからこそ、どれだけやっても苦にならなかったし、上達できた。

そうか。僕自身が美容をもっと好きになればいいんだ――。

僕の中にあった、もやもやとした不安が、小さな光になりはじめた瞬間でした。

再出発

せっかくスタイリストになったものの、僕は心機一転、サロンを退職し、勤務先を変えることにしました。一度すべてをリセットして、環境を変え、アシスタントから出直すことにしたのです。何もかもを一から勉強したい一心でした。

今思えば、必ずしも辞める必要はなく、同じサロンで努力を続ければ済む話でもありました。けれども当時の僕は、辞めて出直す以外に道はない、と思い込んでいたのです。お世話になった先輩方や仲間たちに恩返しができなかったことは、今も心残りの一つで、気持ちのどこかにずっと引っかかっています。

新しい職場では、年下のスタッフたちと一緒に、最年長のアシスタントとして再スタートしました。

環境を変え、再びスタイリストになるまで、一年六ヵ月。

この期間は、僕の人生において、最もがむしゃらで、濃密な時間だったと思います。

もう、同じ失敗はできない。張りつめた緊張感の中、僕は先輩や同僚の「よいところ」をどんどん真似して、自分の中にとり込んでいきました。

あいさつ。身なり。人柄。発する言葉の種類。いい方や、話すタイミング。お客さまの前での立ち居振る舞い。そして、技術。

また、サロンに来てくださるディーラーさんやメーカーさんには、自分から一歩踏み出して、いろいろな情報を聞きに行きました。先輩たちからのアドバイスも、ポジティブにとらえて、自分に足りないことを教えてくれているのだと、すべて受け入れるようにしました。

僕自身の価値観や物差しで判断して物事を決めつけるのではなく、ありとあらゆるものを吸収しよう。自分の考えに固執し過ぎない、柔軟性を身につけよう。そうしなければ、美容師としてまた同じ失敗を繰り返す予感があったからです。

とにもかくにも、僕自身が変わっていかなければいけない。上手な美容師になりたい。多くのお客さまに支持されたい。そのために、やれることを全部やろう。もう、人の目を気にするのはやめよう。

僕は、死に物狂いで美容にのめり込んでいったのです。

撮影のヘルプ

そのサロンでは、オーナーが、ファッション誌や女性誌でヘアメイクの仕事をしていました。僕は、オーナーが参加するすべての撮影に、ヘルプとして同行させていただきたいと申し出ました。とにかくオーナーが関わる撮影全部について行ったのです。

通常のサロンワークが終わったあとに行なう、撮影へ向けた準備では、現場へ絶対に持っていかなくてはいけないもの、多めに用意しておいたほうがよいもの、持っていく必要がないものなど、サロンワークでの先輩へのヘルプと同じか、それ以上の配慮が必要で、一瞬たりとも気が抜けませんでした。

撮影現場では、モデルさんやカメラマンさん、制作スタッフさんへの気づかいをはじめ、オーナーの横について数々のヘルプ。何十回、怒られたか分かりません。僕にとっては、すべてが学びであり、目からウロコであり、ありとあらゆる経験を吸収していきました。

ときにはヨーロッパをはじめ海外での撮影もあり、僕も同行させていただきました。同僚からは「海外、いいな〜」とうらやましがられましたが、観光気分を味わう余裕はありませんでした。

撮影のヘルプを通じて、改めて感じたことがありました。それは、僕みたいな〝のほほん〟とした人間は、二十四時間三六五日〝美容漬け〟のような生活をしないと、いつまで経っても成長できない、という感覚でした。気くばりの大切さを身をもって知ったのも、この時期です（「働き方改革」「週休二日」などが常識になる何十年も前の話です。今の若い人は、決して真似をしてはいけません）。

そして、それ以上に痛感したのは、美容が持つ力の大きさでした。数々の撮影現場に同行させていただき、メイク一つ、ヘアスタイル一つで、女性が劇的に美しくなる瞬間と、そこへ至る過程を数えきれないほど目撃してきました。

メイクとヘアを変えただけで生まれる、圧倒的なオーラ。新しい生命が吹き込まれたような、何者にも代えがたいエネルギー。人の心を揺さぶる、エモーショナルなパワー——。

やっぱり、美容ってすごいな……そんな世界に携わることができている満足感に浸るヒマもないほど、忙しい生活がはじまっていきました。

磨かれた日々

僕の再チャレンジの場となったサロンは、文化人や芸能人、アーティストなどが集まることで有名なイタリアンレストランの隣にありました。

サロンには、そのレストランの常連さんがたくさん来てくださっていました。ほかにも、おしゃれの意識が高いお客さまが非常に多く、僕自身がファッションの知識を高めれば高めるほど、お客さまとのコミュニケーションがうまく行く側面がありました。

それまでの僕は、ファッションに興味を持ってはいたものの、一人前の美容師になるために覚えなくてはいけない事柄が多すぎて、おしゃれにまで気が回りきっていない状況でした。

そんな僕を見かねた先輩から、お客さまの持ち物や洋服、ブランド物のアクセサリーや腕時計、バッグなどがどういうものか、分からないといけない、とアドバイスされ、国内外のハイブランド系ファッション誌を読みあさって、必死に情報を収集しました。

お客さまに「そのアクセサリー、素敵ですね」と話しかけると、お客さまは「あなた、分かってるわね」と言わんばかりに喜んでくださり、逆にブランドやアクセサリーにまつわる豆知識を教えていただいたりしていました。こうした積み重ねがあって、少しずつ知識を増やしていくことができたのです。

美容師は、今も昔も、サロンのお客さまに育てられ、磨き上げられていく一面があると感じていますが、僕自身がおしゃれやファッションへの興味と関心が高まったのは、このサロンとスタッフの人たち、そしてここで出会ったお客さまのおかげだと思っています。

サロンでの勤務中は、上着だけ制服、パンツと靴は自由でした。自由とはいえ、これまでにお話ししてきたような、おしゃれの意識が高いお客さまが集まるサロンでしたから、安っぽい格好はできません。スタッフも、みんなおしゃれでした。

僕もかなり背伸びをして、一度も買ったことがなかったヨーロッパブランドのパンツと靴を買いそろえました。それらを身につけると、気分が上がると同時に、身が引き締まる思いがしました。ただ、自宅から履いていくのは気が引けたので、出勤してから履き替え、仕事が終わったあとはまた私服に着替えて帰るという毎日でした。

コンテストでの優勝

環境を変えた再チャレンジから、一年六ヵ月。

スタイリストとして再デビューしたころ、同僚のすすめで、美容専門誌が主宰する「セットコンテスト」に応募しました。

参加する美容師がコンテスト会場（出版社）へ行き、制限時間内でモデルのヘアをセットして、審査を受けるというものです。

僕は、セットのバリエーションを多く持っているわけではありませんでしたが、数少ない持ち駒をたずさえて出場したのでした。

会場に集まり、同じコンテストに出場していた美容師は、当然知らない人ばかり。僕よりキャリアがありそうな、年上の美容師が多いように感じました。

そして、いつもトレーニングしている場所とは異なる環境で、コンテスト特有の緊張感に包まれて、競技がスタートしました。

結果は、準優勝。はじめての挑戦での二位は、かなり嬉しい出来事でした。

その後、もう一度出場したところ、また準優勝。

編集部の方から連絡をいただき、「別の作品で、もう一度チャレンジしてほしい」と背中を押されて、三回目の出場で優勝しました。

かつてシャンプーで入客できたときに、お客さまからチップをいただいて少し自信がついたように、この優勝は、スタイリストとしてはじめて人から認めていただけた出来事でした。

百点満点で何点の仕事か

僕は、最初に就職したサロンでスタイリストになった当時から、「このお客さまのヘアスタイルを一生担当する！」という気持ちだけは強く持っていました。

ただ、前にも書きましたが技術力が足りていなかったために、思い描いたデザインをつくることができないという、美容師として致命的な壁に直面したわけです。

その後、環境を変えて再デビューしたころには、イメージした通りのヘアスタイルを徐々につくることができるようになっていました。〝美容漬け〟の毎日を送るようになった成果が、実を結びはじめてきたのかもしれません。

そして、僕を指名してくださるお客さまの数も、少しずつではありますが増えていきました。

当時の僕を知っているお客さまの中には、

「あのころの横手君は、実年齢よりも年上に見えていた」

と、懐かしそうに話してくださる方がいます。

僕は、そのような自覚はありませんでしたが、「とにかく僕に任せてください。絶対に素敵にします」とわざわざ言葉にしなくても、その思いが伝わる雰囲気を出すことは意識していました。あなたを絶対にきれいにします、というエネルギーが、ほとばしっていたのかもしれません。

まだお客さまが少ない時期のスタイリストは、お客さまに対する姿勢という部分で、みな似ているような気がします。それは、お客さまへの情熱と、一生懸命さです。

この情熱と一生懸命さを、若いときだけで終わらせず、継続させることができる人は、キャリアを重ねてもお客さまが増え続けているように感じます。

仕事に慣れてくると、常に全力投球をしなくても、まぁまぁなクオリティのヘアスタイルがつくれてしまったりします。それでも料金をいただけて、もしかしたらリピートしてくださるお客さまもいるかもしれません。

ただ、そういう状態が当たり前になってしまわないように、自分を戒める思考が必要です。

僕は、今も昔も、自分でつくったお客さまのヘアスタイルを自己採点して、百点満点で必ず八十点以上の仕事をマストにしています。

忙しくなりはじめる

オーナーの下でスタイリストになって以降、お客さまは徐々に増えていきましたが、僕自身はまだまだ半人前でした。

おしゃれの意識が高い、目の肥えたお客さまが多いサロンなのです。先輩スタイリストたちは、当然ハイレベルな方ばかりでした。僕のお客さまが多少増えてきたところで、自分自身が「今のレベルで、大丈夫なのか？」「勉強しろよ」と、自分にカツを入れていかなければなりませんでした。

知識や練習が足りない。

もっとやらなきゃいけない。

そうした気づきを、毎日のように与えられる環境でした。

ただ、このころには、お客さま一人ひとりに何が似合うのか、似合わないのか、こうすればかわいくなる、かわいくならない、といった判断力の精度が、以前より高まってきたように感じていました。そのため、より自信を持って提案できるようになっていったのです。

同時に、もう一つ分かったことがあります。

それは、僕が担当させていただいたお客さまのヘアスタイルを見て、「どこで切ったの？」「私もその美容師にやってもらいたい」と、興味と期待を持って指名してくださる新規のお客さまが増えてきたことです。

お客さまに「どなたか紹介していただけませんか」と口頭でお願いするだけでは、紹介のお客さまは増えないのだな、と実感しました。

何度目かの来店となったお客さまとの会話の中で、家族や友達のヘアスタイルの話題になったら「その方を僕に担当させてもらえませんか？」とお願いする――これは、効果があるのです。しかし、ただ単に「紹介してください」だけでは、誰一人として紹介していただけない……この教訓は、僕の美容師人生で大いに生かされることになりました。

そして、どんなに不器用な美容師であっても、おしゃれ感があり、お客さまの髪の不安・不満を解消したヘアスタイルをつくることができれば、お客さまはリピートするだけでなく、別のお客さまを連れてきてくださることを知ったのです。

どんな仲間と付き合うか

環境を変えて再スタートを切ろうとしていたころ、同世代の美容師と飲みに行ったことがありました。

僕は、気になることをいろいろと質問していました。

「休みの日は、何をしているの？」

という質問に返ってきた答えは、今も忘れることができません。

「休みは、ないよ。先生の撮影や講習に全部ついて行っているから」

同世代の美容師が、休みを返上して仕事していることに、ショックを受けました。

僕はといえば、休みの日は休むのが当たり前。せっかくの休みに仕事をするなんて、想像したこともありませんでした。

週休二日、残業しない、労働時間厳守、というような〝働き方改革〟が普及する、何十年も前の話です。

僕がオーナーの撮影に同行させていただくようになったきっかけの一つには、このときの衝撃がありました。

最近改めて、自分が恵まれているなと思ったのは、仲がいい、同業の人たちの存在です。

若いころから、ずっと顔見知りだった人もいます。かつて同じサロンで働いていた人もいます。

コンテストの審査員など、美容業界の催し物にお招きいただいた際に知り合った人もいます。

どの人にも共通するのは、技術とデザインが好きなこと。

キャリアを重ねても、サロンワークを続けていること。

そして、とにかく仕事に真面目であることです。

あとは、五十六ページの「お客さまが多い美容師の特徴」に書いたことと、見事にかぶります。

もう、みんないい年齢の大人なんですが、お互いに高め合い、刺激をもらい、ときには支え合う、そんな人たちです。

似たような境遇の仲間がいることは、サロンワークを長く続ける上で、とても大切だと実感します。

続・どんな仲間と付き合うか

ヘアデザインについて。クリエイションとは、何か。

美容師は、どうあるべきか。

……というような話題を、延々と語り合うことができる同業他店の美容師たちが、僕の周囲に何人もいます。

技術とデザインについて、ああでもない、こうでもないと、思いをめぐらせている。

美容師としてサロンワークを続けながら、経営者でもある。そんな人たちです。

関係性を一言で表すと、カッコよくいえば同志であり、ライバルでもあると思います。

「あの人が頑張っているから、僕も頑張ろう」

「いいヘアスタイルをつくろう」

「いいサロンをつくろう」

「いいスタッフを増やそう」

――目に見えないところで、励まし合っているように感じます。

こういう仲間の存在がありがたいな、と思える理由が、もう一つあります。

それは、僕に面と向かって「ＮＯ」と言ってくれる人たちでもあることです。ダメなものはダメ、間違っているものは間違っていると、はっきり言ってくれる存在なのです。

美容師は、キャリアを重ねれば重ねるほど、自分のことを叱《しか》ってくれたり、注意してくれる人の数が減っていきます。独立してサロンを持つようになれば、なおさらです。

同時に、ヨイショしてくれる人の数は増えていきます。

自分を自分で厳しく律して、客観的に自分を見つめることができれば問題ないのですが、スタッフとお客さまに加えて、「ＮＯ」を言ってくれる仲間たちのおかげで、今の自分があると僕は思っています。

毎日のルーティン

僕には、毎日必ず行なっているルーティンがあります。

起床後、最初に、風呂を沸かすスイッチを押します。

そして、風呂が沸くまでの間に、朝食をとります。

朝食抜き、という日はありません。仕事柄、しっかりと昼食をとる時間がなくなりがちなので、必ず朝食をとるようにしています。

メニューはパン、牛乳、ヨーグルト、果物などが多いです。ご飯や味噌汁は、パン類に比べたら、朝食として食卓に並ぶ回数が少ないように思います。理由は、特にありません。

朝食を食べ終わるころに、風呂が沸きます。

湯船にゆっくりつかりながら、その日の予定や計画を頭の中で整理します。

風呂から上がったら、支度をして出勤します。

ここまでが、僕のルーティンです。もう何十年も続いている、毎日の習慣です。

サロンに着き、営業がはじまったあとは、サロンワークに集中します。勤務中の食事は、仕事の合間に水分補給と軽食をとる程度です。夜は、帰宅後に入浴しますが、翌朝また朝食後に入浴します。

こういうリズムの生活が、健康にいいのかどうかは分かりません。ただ、最近は病気になったり、体調をくずしたことはありません。

体調といえば、なるべく体型が変化しないように意識しています。年齢とともに、太りやすくなってきたような気がするからです。しかし、やせ過ぎもよくないので、ちょうどいいバランスのところに落ち着いていると思います。

オリジナリティ

星の数ほどサロンがある中で、お客さまに長く選ばれ続けるためには、サロンとして、また同時に美容師個人として、何らかのオリジナリティを持っているほうが絶対にいいと考えます。

「ほかの美容室と、変わらない」

「この程度だったら、地元の安いサロンで間に合う」

こう思われないように、お客さまに喜ばれる独自性がほしいところです。特に、やはりヘアスタイルに関連する部分でのオリジナリティ、独自性があれば、よりベターだと思います。

しかし、オリジナリティは、簡単に生まれるものではありません。

オリジナリティを身につけるには、まず、あなたが「いいな」「カッコいいな」「きれいだな」と思うヘアスタイルを見つけて、あなた自身の手でつくってみることです。

いいかえれば、コピー、模倣、真似です。

ヘアスタイルも、最初は真似からスタートしていいのです。

たくさんのヘアスタイルをコピーしていくうちに、飽きてきます。その後、「もう少し軽くしたほうがいいかな」「もっと、えぐるようにカットしてみよう」といった、あなたなりの考えや改善点が浮かんでくるでしょう。その積み重ねによって、あなただけのオリジナリティにつながっていきます。

僕が「うまいな」と思う美容師は、ごく普通のヘアスタイルをおしゃれに持っていける、そんなオリジナリティのある人たちばかりです。いたってシンプルなのに、新しさがあり、似合っていて、おしゃれ。

奇抜なことをしなくても、オリジナリティがある。これは、美容師のオリジナリティとして、究極的な理想の一つだと思います。

二つの道

男性美容師の生き方として、大きく分けて二つの道があると思います。

［一美容師として、できるだけ長くサロンワークを続ける］

［自身のサロンワークよりも、マネジメントにかける時間を増やす］

僕は、前者を選びました。

理由は、とてもシンプルです。

自分には、ビジネスの才能があまりなかったからです。

サロンワークを減らして、スタッフを育て、一店舗を任せられるレベルになったら新規で出店。

店舗数を増やし、たくさんの店舗とスタッフで切磋琢磨しながら、成長していくサロンの形に憧れたこともありました。

これを実現できれば、多くの雇用を生み出し、より多くのお客さまに、美容を通して喜びや癒《いや》しを提供する、大きな社会貢献の一つにもなり得ます。

ただ僕は、そういうことが器用にできるタイプではありませんでした。これは、誰よりも僕自身が一番よく分かっていました。

かつて、スタッフ数が最も多かった時期で、七十人前後。店舗数は三店舗、五フロア。これが、僕の限界でした。

美容師としてだけでなく、経営者としても超一流、という方が美容業界には大勢いらっしゃいますが、僕は足元にも及びませんでした。

どちらの道が正しくて、もう片方の道は正しくない、というような考え方は全くありません。自分が選んだ道で、時代の変化に対応しながら、真面目に続けることが大切なのだと思います。二つの道。どちらを選んでも、しなやかに変化する勇気を持ち、生き残らなくてはなりません。

技術も経営も、派手なこと、目新しいこと、奇抜なこと、物珍しいことに意識を奪われがちですが、結局いつの時代も長く続くのは、当たり前のことを馬鹿にしないスタンスの人たちです。なおかつ、すべてにおいて古くならないことを常に意識している人たちなのだなと感じています。

やりたくないこと、やるべきこと、やりたいこと

これまでの美容師人生の中で、撮影や講習など、サロン以外での仕事の依頼をいただくことが多くありました。とてもありがたいことです。こんな僕でも、人様のお役に立てるなら頑張ります、というのが本音でした。また、一種の職業病のようなもので、何の予定も入っていない日があると、あまりいい気分がしない時期がありました。そういった理由もあり、スケジュールさえ合えば、たいていの依頼はお引き受けしてきました。

中には、なんとなく気が進まない外部の仕事もありました。ところが、実際にやってみると、視野が広がるような新しい経験ができたり、人脈が広がったり、その仕事がきっかけで別のオファーをいただいたりと、「やっぱり引き受けてみてよかった」と思う出来事がたくさんありました。

何が言いたいのかというと、「やりたいことをやれるようになるには、やりたくないと思ったことを積極的にやるほうがいい」ということなんです。

そして、「やりたいことをやる前に、やるべきことをたくさんやらなくてはいけない」とも思います。やりたくないことを、真面目にやる。やるべきことを、きちんとやる。その上で、はじめてやりたいことが実現できるのです。

やりたくないことなんて、やるだけ時間の無駄だ、と思う人がいるかもしれません。僕も、そう思っていた時期がありました。けれども、実際には、無駄だと思っていたことが全然無駄ではなかった、という事実に気づく瞬間が、誰にでもやってくるのです。

また、世の中には、やりたいことだけをやって、華やかに成功しているように見える人がいるかもしれません。だけど、それは表面の一部を見た印象に過ぎません。本当は、人から見えないところで、やりたくないことや、やるべきことをしっかりとやっているからこそ、成功のきっかけをつかんでいるのです。そういった基礎工事もできていない状態で、やりたいことにハンドルを切り過ぎると、サロンのような組織の場合、組織の中に大きな傷や後遺症が残り、その修復に莫大なコストがかかるケースが少なくありません。

では、やるべきこととは何でしょうか。それは、環境や立場によって、一人ひとりで異なると思います。今一度、やるべきことを考えてみましょう。

東京

ヘアサロンは、いつの時代も軒数が非常に多いものです。サロンが競合しない街は存在していないのではないかというくらい、日本全国、どこにでもサロン同士の競争があります。

中でも東京は、日本で一番サロン数が多い街です。特に青山や原宿は、現在も軒数がとりわけ多く、半径数百メートルのエリアに何百軒ものサロンがひしめき合っています。

サロンは一軒ごとに個性や持ち味が違い、つくるヘアスタイルのテイストや、お客さまの層も異なります。カット一つ、パーマ一つをとっても、各サロンが独自の研究や勉強を重ねて、他店にない独自性を打ち出しています。このエリアの競争が激しいからこそ、技術やデザインが進化し、業界をリードしてきたと見ることもできると思います。料金の安さではなく、技術、デザインでしのぎを削ってきたのが、青山や原宿のサロンなのです。

近年は、時代の変化とともに、完全週休二日制や、残業なし、各種保険完備など、美容師が働く環境を整備したサロンがほとんどですが、新しくオープンするサロンが多くある一方で、クローズしていくサロンもあります。僕はこの厳しい競争の中で、お客さまに選ばれ続ける技術を身につけて、どこまで通用するのかを試したい、勝負してみたいと、ずっと思っていました。若いころは、中心部でチャレンジしなければ意味がない、とまで考えていました。

競争が激しく、家賃も高いエリアでのチャレンジは、もしかしたら無謀なのかもしれません。それでも、この場所にこだわり続けてきたのは、培ってきた技術を通して、いい仕事をすれば、お客さまに一定以上の料金で評価していただける点が挙げられると思います。同時に、自分自身を絶えずブラッシュアップさせていかないと、あっという間に置いてきぼりを食らう危機感も影響しているように感じます。

かつて勤務していたサロンでは、おしゃれの意識が高い大人のお客さまが大半を占めていました。そこで高料金であっても満足され、リピートするお客さまを数多く見て育ってきたわけですが、その状況が、僕にとって当たり前のサロン風景になっている一面があります。

そして、もう一点。このエリアで続けている理由として、若いころに憧れた場所でチャレンジし続ける、というロマンを純粋に追い求めている部分も、心のどこかに存在しています。

引き際

三十歳のときに、『ZUSSO』というサロンで切磋琢磨したことが、のちに『PHASE』の力になりました。

スタッフにもお客さまにも恵まれて、とても刺激のある楽しいサロンでした。スタッフはみんな若く、やんちゃだけど仕事には真面目で、いつも元気いっぱいでした。メンバーだった人たちの中には、山下浩二さんや西本昇司さん、綾小路竹千代さんをはじめ、美容業界をリードする活躍をしている人が何人もいます。

その後、三十六歳で『PHASE』を立ち上げました。ここでも、スタッフとお客さまに恵まれました。サロンワークを中心に据《す》えながら、美容専門誌に作品や技術を掲載していただくなど、対外的な活動を本格的にスタートしたのも、このころからです。

僕は若いころから、サロンワークを一生続けたいと思っていました。

しかし、実際に自分自身が年齢を重ねてきて、分かってきたことがあります。

それは、どこかのタイミングで、美容師としてのキャリアに自分で区切りをつけなくてはいけない、ということです。いくら定年がないとはいえ、七十歳や八十歳になってもサロンワークを続けるのは、ちょっと無理があります。

僕は、一つの目安として、区切りとなる年齢を決め、その年になったら辞めようと考えていました。

ただ、自分一人で決めていいものか判断がつかなかったため、長いお付き合いのある何人かのお客さまに打ち明けたところ、話をした女性のお客さま全員から反対されたのでした。

「あり得ない」

「私のヘアスタイルはどうなるの？」

「名刺を渡されて引き継がれただけの美容師に、任せることなんてできない」

お客さまから返ってきたのは、こうした言葉の数々でした。みなさん、冗談っぽく、笑いやイジリを込めた話し方であれば、まだよかったのですが……声のトーンが一段低い、深刻な真顔でした。

続・引き際

僕はお客さまから、「長い間、お疲れさまでした」というような、ねぎらいの言葉の一つや二つくらいはあるかなと予想していましたが、現実は逆でした。ねぎらいどころか、辞めるなんて認めない、という反応しかなかったのです。

「さみしいけど仕方がない」「横手さんの好きなようにやったほうがいい」といった言葉をかけてくれたのは、男性のお客さまだけでした。女性のお客さま全員に否定されたのに比べて、対照的だったことが印象に残っています。

結局、サロンワークを退く時期を延長し、当初の予定より三年間、先延ばしすることに決めました。

同時に、『PHASE』の今後について、どうするべきか、じっくりと向き合って考える時期が来ていました。

美容業界では、自分の子供や、右腕のスタッフに引き継いでもらうケースが多いかと思います。

僕には三人の子供がおり、全員社会人ですが、美容師ではありません。サロンには、二十年以上在籍しているスタッフが何人もいました。このメンバーたちに、次の時代の『PHASE』を委ねる形もありました。

しかし、スタッフたちと腹を割って意見交換を繰り返したところ、一人ひとりが思い描く理想の『PHASE』像や、目指す方向が少しずつ違っていました。これは、誰が正しい、誰が間違っている、という話ではなく、ごく自然で、当たり前のことです。むしろ僕は、みんながそれだけ真剣に考えてくれていたことが、うれしくもありました。

僕は、このまま『PHASE』を残すよりも、各自が思い描くサロンをそれぞれのブランドで実現していくほうがいいと判断して、『PHASE』をクローズすることを決めました。

アシスタントを含めたスタッフ全員に対しては、前もって「三年後に僕は経営者をリタイアして、『PHASE』を閉める」と伝えていました。最後まで残ってくれたスタイリストたちは、ほかのスタッフとともに、三つの場所でサロンを持つことになりました。

そして僕は、親交があった美容師や、お世話になった方たちに手紙を出し、サロンを閉めて、サロンワークから退くことを伝えました。

続々・引き際

手紙を見た同業の仲間たちから、一斉に連絡が来ました。

「何があった？」

「具合でも悪いのか？」

ほとんどの人は、僕が重病にかかっていると思ったようでした。

僕は、病気ではないことと、ここに至るまでの経緯などを話して、理解してもらおうと思いました。

このとき、かつて『ZUSSO』で一緒に働いていた山下浩二さんと、西本昇司さんからは、特に強く「美容師を辞めるな」と引き止められました。

「まだできるでしょ？」

「あれだけたくさんのお客さまがいるのに、どうするの？」

山下さんはこのとき、ちょうどご自身のサロンの移転を計画していたようでした。その日の夜中、二人が『PHASE』へ来てくれたときに、「僕がここを借りるから、横手さんは今までどおり、お客さまをやってください」と提案してくれました。

びっくりしたと同時に、ありがたい申し出でしたが、山下さんのサロンのスタッフたちに迷惑がかかることは、目に見えていました。しかし、お客さまからの「リタイアは認めない」といった数々の言葉をはじめ、僕をまだ必要としてくれているお客さまが、予想以上にいることも分かってきていました。

僕はさんざん悩んだあげく、山下さんのサロンの社員ではない形で、サロンワークを続けることに決めました。以来、美容師として最高に恵まれた環境で、毎日仕事を楽しんでいます。山下さんと、『Double SONS』のスタッフの皆さんには、毎日とても感謝しています。

そして、『PHASE』のみんなが現実と向き合い、しっかりと将来を考えて出した結論が頼もしくもあり、誇らしくもありました。

健康と平和

サロンワークを長く続ける秘訣は、いくつかありますが、スタイリスト自身が健康であることは、一番大切な要因であるように感じます。

なぜなら、美容師は気力と体力の両方が持続しないと、長く続けることが難しい仕事だからです。年齢的に若いときは、仕事が終わったあとに朝まで遊ぶことが可能かもしれません。しかし、年齢を重ねるにつれて、そのようなことが難しくなっていきます。そして、体のあちこちが痛い、だるい、重い、といった状態になりがちです。

だからといって、健康維持のために、タバコを吸ってはいけないとか、お酒を飲み過ぎてはいけない、などと語るつもりはありません。

大事なのは、自分でしっかりと健康管理をすることだと思います。

サロンワークを長く続けるために、健康でいられるよう、努力が必要なのです。

あなた自身に最も合う方法で、体調を管理し、健康を維持しましょう。

体調をくずせば、サロンに立つことが難しくなります。お客さまにも、サロンにも迷惑をかけてしまいます。

僕は、小学校二年生の時に一度骨折をした程度で、あとは大きなケガをした経験がありません。五十代になってから、簡単な手術を受けたことはありますが、そのとき以外は入院したこともありません。

けんしょう炎や四十肩・五十肩などに見舞われながらも、あの手この手で痛みを乗り越えて、美容の仕事を続けています。

もう一つ、サロンワークを長く続けるために必要な外的要因があります。それは、日本が平和であることです。

幸いなことに、七十年以上も戦争がなく、平和な世の中が続いています。お客さまがヘアファッションを楽しむ余裕があるのは、すべて日本が平和で豊かだからこそ、なんです。

今ある日常が当たり前になってしまい、感覚がマヒしてしまいやすいのですが、いつものように仕事ができる毎日に、感謝しなくてはいけないのかもしれません。

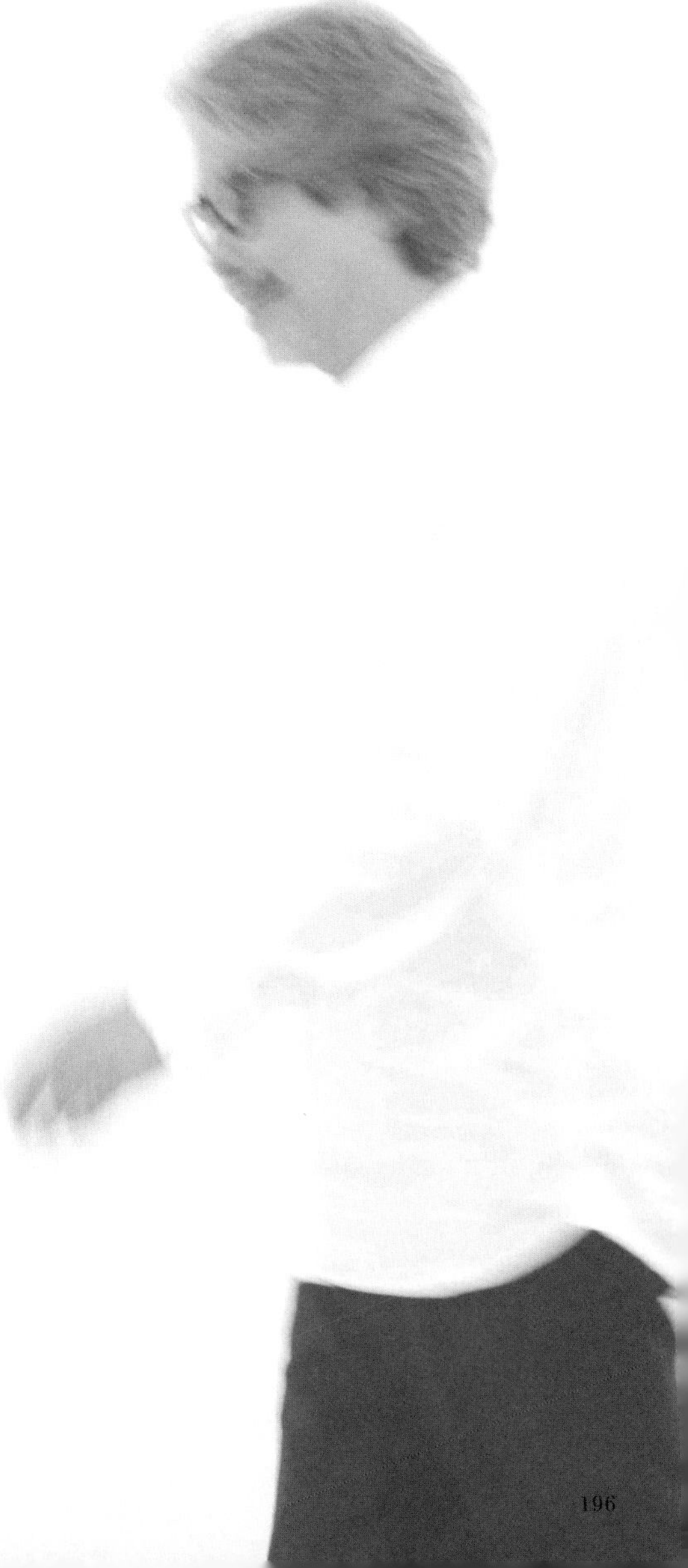

横手康浩

よこて やすひろ／東京都大田区出身。東京マックス美容専門学校卒。都内2店舗を経て1983年、『ZUSSO』をオープン。その後1989年、東京・青山に『PHASE』をオープンさせ、サロンワークを中心に幅広く活躍。この両サロンは、美容業界の第一線で活躍する多くのヘアデザイナーが巣立っていったことでも知られる。自身は、生粋のサロンワーカーとして圧倒的多数の顧客を抱え、老若男女を問わず幅広い世代から指名され続けている。著書に『究極のフォルムとバランス』『フォルムワークを極める』、DVD『究極のフォルムとバランスDVD』（いずれも小社刊）など多数。

指名され続ける
美容師になる方法

2020年4月25日　初版発行

定価：本体 ¥2,000＋税

著者　横手康浩
発行者　阿部達彦
発行所　株式会社女性モード社
［本社］
〒107-0062 東京都港区南青山5-15-9-201
Tel.03-5962-7087　Fax.03-5962-7088
［支社］
〒541-0043 大阪府大阪市中央区高麗橋1-5-14-603
Tel.06-6222-5129　Fax.06-6222-5357
JOSEI MODE SHA CO.,LTD.
5-15-9-201 Minamiaoyama Minato-ku Tokyo Japan

https://www.j-mode.co.jp

印刷・製本　三共グラフィック株式会社
Printed in Japan　